Wohlfart · Zen und Haiku

Günter Wohlfart
Zen und Haiku

oder

Mu in der Kunst HaiKühe zu hüten
nebst anderen Texten
für Nichts und wieder Nichts

Mit 10 Abbildungen und
18 Kalligraphien

Reclam

RECLAMS UNIVERSAL-BIBLIOTHEK Nr. 9647

Gesamtherstellung: Reclam, Ditzingen. Printed in Germany 2015
RECLAM, UNIVERSAL-BIBLIOTHEK und
RECLAMS UNIVERSAL-BIBLIOTHEK sind eingetragene Marken
der Philipp Reclam jun. GmbH & Co. KG, Stuttgart
ISBN 978-3-15-009647-5

www.reclam.de

Inhalt

Inhalt

Als letzte Mahnung
mir selbst zugeeignet

Vorwort

Die Texte in diesem Bändchen sind im südfranzösischen Midi entstanden, die meisten nachmittags. –
Als Einleitung wurde ihm eine kleine unwissenschaftliche Vorschrift zum Zen-Weg vorangestellt.
Am Anfang stehen zehn kleine neudeutsche Sprüche zu der altchinesischen Geschichte »Der Ochse und sein Hirte«.
Es folgt ein prosaischer, eurasischer Gedanken-Mischmasch für Nichts und wieder Nichts. Die synkretistische Biene hat den Blütenstaub vieler Blumen zusammengelesen, um ihren eigenen Honig daraus zu gewinnen.
Am Ende finden sich einige unzeit- und unortgemäße Verse, die sich bei dem naseweisen Versuch, die Dinge zu schmecken, so wie sie sind, tausendmal auf der Zungenspitze gewendet haben. Nur bei wenigen dieser »Kentaurengeburten« mag es geglückt sein, das, worauf es ankommt, frei herauszubringen. Jegliche entfernte Ähnlichkeit dieser »HaiKühe« mit verrückten Versen aus dem Osten ist nur ein glücklicher Zufall.
Den Texten wurde ein kleiner tractatus poetico-philosophicus über das Hüten von HaiKühen vorangestellt.
Zum Schluß werden sechs Haiku von Basho in engli-

scher und deutscher Übersetzung wiedergegeben. Die ihnen an die Seite gestellte Kleinkunst des Verfassers soll die Größe Bashos um so deutlicher erkennen lassen.
Die beiden gelehrten Bemerkungen, die den Haiku des Großmeisters Basho beigegeben wurden, machen viel Wind um einen Froschsprung-Wasserton und ein Zikaden-Zirpen, haben diesen jedoch ebensowenig hinzuzufügen wie der Fächer dem Lüftchen, das durch ihn spürbar wird. Eingedenk jener österreichischen Dorfschullehrerweisheit: ›Nur kein transzendentales Geschwätz, wenn alles so klar ist wie eine Watschen!‹, habe ich mich bemüht, nicht zuviel West-Zen-Staub aufzuwirbeln, sondern darüber zu schweigen und es zu zeigen, gleichsam Linien in die Luft zeichnend, Fluchtlinien der stillen Augenblicke des Sinns ohne Sinn.
Es schreibt sich vielleicht am besten ohne zu schreiben, ich meine, ohne Worte zu machen. Manchmal finden sich ja ungesucht »Türangelwörter«, die dem Versemacher bei seinen Wendungen das Machen abnehmen. Nichts zu machen! Auf dem Weg der Feder ist es besser, die Führung dem Weg zu überlassen. Es gilt, sowenig wie möglich den Worten ins Wort zu fallen, d. h. einzugreifen in das, was sie sich stillschweigend untereinander sagen; dann ergeben sie sich von selbst, eins gibt das andere. Freilich ist mit Worten zu geizen, gespannt auf das wortlose Wort zwischen den Worten. Wir sind bei der Stille im Wort. Das Durchdringen der Stille im Wort zeigt sich durch das, was gesagt wird, ohne es zu sagen. Wenn wir – jenseits von Reden und Schweigen – in der Fremde die Sprache wiedergefunden haben, bleibt uns nur, das Unsagbare durch das Ungesagte zu sagen.
»Immer muß ich zurückdenken an Jiangnan im März, wenn die Rebhühner rufen und hundert Blumen duf-

ten.« (Aus einem Gedicht von Du Fu, vgl. *Mumonkan*, Koan 24.)
Die mit geizigem Pinsel gefertigten Tuschspuren meines japanischen Freundes Arifuku Kogaku zeigen besser, worum es geht. Ihm, dem Mann mit dem lachenden Auge, danke ich herzlich.
Dank schulde ich auch meinen jungen japanischen Kollegen Kobayashi Nobuyuki und Kamio Kazutoshi sowie meinem früheren Assistenten Johann Kreuzer und meinem Assistenten in spe Rolf Elberfeld für ihre freundliche Kritik.
Danken möchte ich ferner meinen deutschen Freunden Rainer Berger, Axel Müller, Jürgen Naust und Christiaan Weiden für ihre Kritik an meinem befremdlichen Deutsch, sowie meinem Sohn Florian und meiner Frau Barbara für die lästige Arbeit am PC.
Der geneigte Leser möge die folgenden Texte zu meiner west-östlichen Mischkost lesen wie eine Speisekarte; die eingehendste Lektüre kann lediglich einen Lippen-Zen-Vorgeschmack geben: »Wer wissen will, wie Reis schmeckt, der muß Reis essen.«

Tuchan, im Jahr des Ochsen

Kleine unwissenschaftliche Vorschrift zum Zen-Weg[1]

mihi ipsi scripsi

In der Eingangshalle von japanischen Zen-Tempeln befindet sich manchmal ein kleines hölzernes Brett mit der Inschrift: »Sieh unter deine Füße.« Meistens aber sehen wir gerade das nicht, was unter den Füßen ist. Unter den Füßen ist der Weg. Nicht Unbekanntes ist zu erkennen, sondern das Allzubekannte. Es ist durch seine Alltäglichkeit verborgen, obwohl es offen vor unseren Augen liegt. Es liegt direkt vor uns. Diejenigen, die nach dem »Wahren« oder der »Erleuchtung« in einer jenseitigen Welt suchen, werden sie nicht finden. Erleuchtung ist ein irreführendes Wort. Hat man es in den Mund genommen, so sollte man sich des schlechten Nachgeschmacks wegen den Mund spülen. Von »Erleuchtung« kann keine Rede sein.

Suche das Wahre nicht anderswo, du verwegener Wahrheitssucher! Wenn du suchst, entfernst du dich nur. Wer es sucht, wird es nicht finden. Ein Wort des Meisters Fayuan lautet: »Hier vor euren Augen bietet es sich

1 Der vorliegende Text wurde 1991 unter dem Titel »Sapientia oder der Geschmack der Dinge« in veränderter Form auf dem dritten Symposion der Académie du Midi in Alet-les-Bains (Südfrankreich) vorgetragen. Ältere, mit Anmerkungen und Stellennachweisen versehene Fassungen sind unter dem Titel »Zen – Laienhafte Bemerkungen zur taghellen Mystik des Zen-Buddhismus« in der Festschrift für K. Albert, *Probleme philosophischer Mystik*, hrsg. von E. Jain und R. Margreiter, St. Augustin 1991, sowie unter dem Titel »Leben lernen – sterben lernen, Bemerkungen eines Laien zum Zen-Weg« in den *Studien zur interkulturellen Philosophie*, Bd. 1, hrsg. von R. A. Mall und D. Lohmar, Amsterdam/Atlanta 1993, erschienen.

dar!« Es gilt mit eigenen Augen zu sehen, was vor deinen Augen liegt. Es ruft in den Gassen. Es ist überall, in der Gosse, im Schrott, in dem wüst hingeschütteten Misthaufen, überall. Es liegt offen zutage. Öffne die Augen! Suche kein »Wesen«, das hinter dem Busch der Erscheinung sitzt. Es steckt nichts dahinter!

Dogen[2] sagt im *Shobogenzo*: »Diese Erscheinung, so wie sie ist, ist die wahre offenbare Wirklichkeit.« Wichtiger, als hinter das zu kommen, was du nicht verstehst, ist es, das zu verstehen, was dir so vorkommt, als hättest du es verstanden. Im Zen geht es nicht um eine ganz andere Welt, sondern um diese Welt als ganz andere. Es geht um nichts Anderes als um dies hier – als Anderes. Es ist anders und doch wie sonst. Beim Gehen des Zen-Weges kommen wir am Ende dahin, wo wir immer schon waren und – anwesend abwesend – doch nicht waren. Das Ziel ist es, wieder zum rechten Anfänger zu werden, durch den es von selbst anfängt. In immanenter Transsubstantiation scheint auf einmal verwandelt: Berg in Berg. Wasser in Wasser. Jedes Ding geht auf in seinem Selbst-so-Sein. Es zeigt sich an allem.

Bekannt ist die folgende Zen-Parabel: »Denen, die von Zen nichts wissen, heißt es, sind Berge nur eben Berge, Bäume nur eben Bäume und Menschen nur eben Menschen. Nachdem man Zen halbwegs verstanden hat, wird die Nichtigkeit aller Formen wahrgenommen, und Berge sind nicht länger Berge, Bäume nicht länger Bäume und Menschen nicht länger Menschen. Indessen« – so schließt die Parabel – »dem, der ein volles Verständ-

2 Der Einfachheit halber wurde auf die japanischen Längenstriche verzichtet.

nis für Zen gewonnen, sind Berge wiederum nichts als Berge, Bäume wiederum nichts als Bäume und Menschen wiederum nichts als Menschen.« Für denjenigen, dem in Wirklichkeit ein Licht aufgegangen ist, sind die Dinge lediglich das, was sie sind. Jedes Ding ist genau so, wie es ist. So ist ›Es‹. Es erinnert an nichts als an sich selbst. Es zeigt sich in seiner Dieseinzigkeit.

›Es‹ geht im Selbst-So-Sein der Dinge auf. Während der Tang-Dynastie in China, besuchte Dongshan einen alten Zen-Meister und fragte ihn: »Wie stehen die Dinge?« Seine Antwort: »Genau so, wie sie sind.«

Dieser Stein und jener Holzklotz verwandeln sich von selbst – in sich; sie sagen sich selbst. Der Weg geht ins Selbe. Der Zen-Weg ist der Weg ins Selbe. »Nämlichkeit – Kein Zuvor – Kein Danach!« Zen ist nichts Besonderes. Versuche deshalb nicht, etwas Besonderes zu sehen, etwas von allem Abgesondertes, »Absolutes«, sondern vielmehr das Besondere an allem. Versuche nicht, etwas ganz Besonderes zu erreichen, z.B. eine »Erleuchtung«. Nichts ist zu erreichen (Huangpo). »In Wahrheit haben wir schon alles, und zwar *gegenwärtig*, wir brauchen auf nichts zu warten.« (L. Wittgenstein) Zen ist nicht adventistisch. Das Fest ist längst im Gange. Zen-Geist ist Gegenwartsgeist, Geistes-Gegenwart. Der Ort, wo wir jedes Ding riechen können, durchduftet von seiner ›So-heit‹, von seinem ›Selbst-so-Sein‹, eröffnet sich gleichsam durch eine Drehung um 360 Grad (K. Nishitani). Diese Drehung ist eine Transzendenz der Transzendenz, d.h. eine Transzendenz in die Immanenz. Zen ist »absolut« diesseitig. Es geht nicht um Ekstasis, sondern um »Enstasis«. Im Zen haben wir nichts hinter den Dingen zu suchen, *indessen* finden wir uns hier *inmitten*. Zen ist nicht metaphysisch – eher physisch. Es geht nicht um eine Hinterwelt oder Über-Welt oder Nach-Welt. Im Zen geht es nicht um das Übernatürliche, sondern vielmehr um das Natürliche, um das Natürlichste von der Welt. Zen ist nicht essentialistisch, es macht nicht »viel Wesens«. »Das innerste Wesen einer Situation ist die Situation selbst und nichts darüber hinaus.« (Y. Hoffmann) Dies kann »auf einen Schlag« klar werden. »Nur kein transzendentales Geschwätz, wenn alles so klar ist wie eine Watschen.« (L. Wittgenstein) Zen ist eine klare Sache.

Koan 7 des *Mumonkan* (chin. *Wumenguan*) lautet: »Einst richtete ein Mönch an Joshu (chin. Zhaozhou) eine Bitte. Er sagte: ›Ich bin gerade in das Kloster eingetreten. Ich bitte dich, Meister, unterweise mich.‹ Joshu erwiderte: ›Hast du gefrühstückt?‹ – ›Jawohl‹, antwortete der Mönch. ›Dann‹, sagte Joshu zu ihm, ›spüle deine Schale.‹« Dem Mönch ging ein Licht auf. Nichts wäre natürlicher, selbstverständlicher. Zen verstehen heißt, das Selbstverständliche verstehen, sich auf das Selbstverständliche verstehen.
Es ereignet sich von selbst, daß dic Dinge auf einmal in ihrem Selbst-so-Sein aufscheinen, wenn dein Ich sie nicht überschattet. Es scheint auf im Kleinsten, Unscheinbarsten, Unbedeutendsten, aber: gib acht!

In den äußeren Kapiteln des *Zhuangzi* findet sich ein Wortwechsel, in dem ein großer Schein in bare Münze gewechselt wird: »›Wo ist denn dieses sogenannte Dao?‹ fragte Dungguozi den Zhuangzi. ›Das Dao ist überall.‹ ›Das müßt ihr aber näher erklären.‹ ›Es ist in den Ameisen‹, war die Antwort. ›Wie, so niedrig ist es?‹ ›Es ist in den Unkrautsamen‹, sagte Zhuangzi wiederum. ›Es wird ja immer niedriger‹, rief Dungguozi. ›Das Dao ist in

Krügen und Ziegeln‹, ›Das wird ja immer ärger!‹ ›Es ist im Kot‹, sagte Zhuangzi. Da sagte Dungguozi nichts mehr.«

In der Spruchsammlung des Yunmen heißt es: »›Was ist Zen?‹ – ›Dieses.‹« Zen ist die reinste Wahrnehmung des »eben dies«! (R. Aitken) »What is Zen-›happiness‹: to *realize* what happens.« »That's it!«

»Eines Tages warf Kyogen, als er den Hof gekehrt hatte, den Kehricht in die Büsche. Ein Stein schlug auf ein Bambusrohr. Er hörte den Aufschlag, und in diesem Augenblick, ganz plötzlich, wurde er ›erleuchtet‹ und mußte unwillkürlich lachen.« (Zenkai Shibayama im Teisho zu Koan 5 des *Mumonkan*). »Urplötzlich bricht Euer Geist in die ›Große Erleuchtung‹ auf, und gleich wie ein von den Toten Auferstandener werdet Ihr in Lachen ausbrechen und in die Hände klatschen vor Entzücken.« (Bassuis Brief an Fürst Nakamura.) Nach D. T. Suzuki ist Zen die einzige Religion oder Lehre, die Platz hat für das Lachen. – Lachen und Mystik, eine für uns ungewöhnliche Kombination verbinden sich zum taghellen Lachen des Zen. – Ist Lachen ein Affekt aus der plötzlichen Verwandlung einer gespannten Erwartung in nichts (I. Kant), so ist vielleicht in diesem Sinne Zen eine Religion des Lachens. Eine Philosophie des Zen wäre keine von eulen-ernsten gelehrten Käuzen, die geschützt von dichtem senkundär- und tertiärliterarischem Blattwerk im Erkenntnisbaum hocken, stolz auf ihr mit pedantischem Dünkel gezüchtetes philosophisches Zwergobst. Sie wäre vielmehr eine, die insofern epikureisch genannt werden könnte, als man in ihr »philosophiert und zugleich lacht«. »Se moquer de la philosophie c'est vraiment philosopher.« (B. Pascal) Zen heißt, sich selbst auf dem Kopf herumzutanzen und herzhaft zu lachen – zu lachen über die »letzten Dinge« mehr noch als über die vorletzten.

Koan 18 des *Mumonkan* lautet: »Ein Mönch fragte Meister Dongshan: ›Was ist Buddha?‹ Dongshan sagte: ›Drei Pfund Flachs.‹« Buddha darf nicht deifiziert bzw. hypostasiert werden. Bekannt ist das Wort aus dem *Rinzairoku* (chin. *Linji lu*): »Wenn du den Buddha triffst, so töte ihn.« Das heißt: Häng dich nicht an Buddha! Im Zen ist – wie im klassischen, philosophischen Daoismus bzw. Neo-Daoismus, der Zen stark beeinflußt hat – kein Platz für den Glauben an einen Gott, bzw. dieser Platz ist freizulassen. Der eigentliche Zen-Buddhismus ist nach H. S. Hisamatsu keine theistische Religion des Glaubens, sondern eine atheistische Religion des Erwachens.

Koan 21 des *Mumonkan* lautet: »Ein Mönch fragte Unmon: ›Was ist Buddha?‹ Unmon antwortete: ›Ein Scheißstock! (*Kan-shiketsu*)‹ Rinzai (chin. Linji) sagt: ›Halte den Buddha nicht für das Höchste. So, wie ich ihn sehe, ist er doch wie das Loch in der Latrine.‹« Deshalb sollte man – einer Verordnung Nietzsches folgend – die Neigung zu religiösen Verzückungen mit Abführmitteln behandeln. Zen ist nicht erbaulich. Zen-Worte sind Worte zum Montag, zum Dienstag ... Keine Pastoralsalbaderei!

Koan 19 des *Mumonkan* lautet: »Joshu fragte einmal Nansen (chin. Nanquan): ›Was ist Dao?‹ Nansen antwortete: ›Dao ist alltäglicher Geist.‹ Joshu fragte: ›Sollten wir uns dann auf ihn richten oder nicht?‹ Nansen antwortete: ›Wenn du versuchst, dich auf ihn zu richten, gehst du fort von ihm.‹ Joshu fuhr fort: ›Wie können wir wissen, daß es Dao ist, wenn wir es nicht versuchen?‹ Nansen erwiderte: ›Dao gehört nicht dem Wissen oder Nicht-Wissen an. Wissen ist Illusion; Nichtwissen ist öde Leere. Wenn du wirklich das Dao des Nicht-Zweifels erreichst, so ist dies wie die große Leere, so unermeßlich und grenzenlos. Wie kann es dann Recht und Unrecht im Dao geben?‹ Bei diesen Worten wurde Joshu plötzlich erleuchtet.« Wenn du ihm am nächsten bist, weißt du nichts mehr von ihm.

»Tatsächlich ist der Weg nichts, das erlernt werden kann«, wie es bei Huangpo heißt. Diese Lektion muß gelernt werden. Dazu bedarf es einer Lehre ohne zu lehren. Dogen sagt im *Shobogenzo*: »Das Wesen der Buddha-Natur ist offen und weit, leer und licht.« Es erhellt von selbst – wie Sonne und Mond. Es erweist sich.

Der Zen-Dichter Pangyun sagt: »Wie wunderbar und wie erstaunlich ist dies! Ich schöpfe Wasser, ich trage Brennholz.« Zur Beantwortung der Frage: Was ist Zen? zitiert D. T. Suzuki eine Stelle aus einem Brief von Yengo, die mit den Worten beginnt: »Es zeigt sich gerade vor Deinem Gesicht, und in diesem Augenblick ist das Ganze Dir schon gegeben.« Es begegnet dir schon, augenblicklich. Es geht im Augenblick auf. Wir leben Tag und Nacht darin, und es ist immer da, wie Sonne und Mond, auch wenn wir sie nicht sehen. Ein Dichter singt: »Seht ihr den Mond dort stehen? – / Er ist nur halb zu sehen / Und ist doch rund und schön.« Ein alter Zen-Meister sagt: »Denke nicht, / Der Mond ginge auf, wenn die Wolken verschwunden sind. / Die ganze Zeit über stand er am Himmel / in vollkommener Klarheit.« Von Meister Shido Bunan stammt das folgende Gedicht: »Laß das Wort ›Dao‹ dich nicht irreführen. / Erkenne, daß es nichts anderes ist, / Als was du morgens und nachts tust.« Wer den Weg gesehen hat, wird ihm folgen, auch wenn er nicht weiß, wie er heißt. Er hat keinen Namen. Das Dao, das genannt bzw. ›daoisiert‹ werden kann, ist nicht das beständige Dao. (Laozi) Der Weg, den man ›wegen‹ kann, dessen Richtung man angeben kann, mag vielleicht der richtige Weg sein, nicht immer aber der wahre. Der Weg (hodos), den man zur Methode (methodos) machen kann, ist nicht der beständige Weg (hodos). Manchmal muß man die Heeresstraße verlassen, um den Weg zu finden. Es ist nicht gesagt, wohin er führt. Er führt ins Nicht-Gesagte. Seine Bestimmung: keine Bestimmung.

Zen ist nichts Exaltiertes oder Eskapistisches, vor allem aber nichts Esoterisches! Mach keinen höheren Blödsinn! »Man kann auch in die Höhe *fallen* ...« (F. Hölderlin) Shunryu Suzuki sagt: »Zen ist nicht eine Art von Erregung, sondern eine Konzentration auf unsere übliche Tagesarbeit.« Die Antwort auf die Frage des Meisters: »Was willst du jetzt tun, da du *mu* (chin. *wu*, d. h. »Nichts«, »nicht«) gesehen hast«, lautet: »Morgens aufstehen, mein Gesicht waschen, saubermachen, essen ...« Beim Waschen beim Waschen sein, beim Saubermachen beim Saubermachen ... »Da du nunmehr den Ton der einen Hand gehört hast – was willst du tun? – Ich will Unkraut ausziehen, den Boden schrubben und, falls du müde bist, dich massieren.«

Nimm die Dinge, wie sie sind. Was tun? »Tue, was zu tun ist.« (Zhuangzi)

Im Zen geht es um ein freies bzw. natürliches Tun dessen, was sich von selbst versteht und ohne unsere Zutaten von selbst ergibt.
Zen-Geschmack ist der Eigen-Geschmack der Dinge. Was zu tun ist, ergibt sich für den, der ganz bei der Sache ist, aus der Sache selbst. Er überläßt das Tun dem Tun, dann geht es spielend. Seine Tat ist ohne Täter. Er tut ohne zu tun (*wei wu wei*; chin. *wu wei*, jap. *mui* – »ohne Tun«), ohne in den natürlichen Gang der Dinge eigenmächtig einzugreifen. Wie mache ich es am besten? Laß es sich machen. Manchmal macht es sich besser so. Es kommt darauf an, spontan dem Anspruch der Gegebenheiten zu entsprechen. Die Spontaneität des ›Von-selbst-so‹ ist freilich eine rezeptive. Sie gleicht der Spiegelung des Mondes im Wasser. Sei leer wie ein Spiegel, aber keine leeren Spekulationen! Dann zeigt es sich. Leere ist »Fasten des Herzens« (chin. *xin zhai*). (Zhuangzi)
Soko Morinaga Roshi sagt im Kommentar zum *Shinjinmei* (chin. *Xinxinming*): »Es genügt vollkommen, wenn ihr nur in diesem Augenblick vollkommen natürlich seid.«
Rinzai mahnt: »Verhaltet euch natürlich.« Für den unbefangenen Zen-Menschen gilt: »Er handelt den Umständen entsprechend, er antwortet, wie es die Frage erfordert.« (H. S. Hisamatsu) Klar zu antworten, das ist alles, was es in dieser »rätselhaften Gegend« (M. Heidegger) zu verantworten gibt. Es gilt, jeweils dementsprechend, demgemäß, ohne externes Maß zu handeln, ohne Willensmaxime, lediglich den jeweiligen Gegebenheiten angemessen. Es kommt ganz darauf an. Die Moral: Kein Moralisieren! Keine provinzielle Universalmoral! Zen ist außermoralisch. Wie soll ich es dann anfangen? Kein Prinzip! Es läßt sich an; es stellt sich heraus.

»Confucius was seeing the sights at Lü-liang, where the water falls from a height of thirty fathoms and races and boils along for forty li, so swift that no fish or other water creature can swim in it. He saw a man dive into the water and, supposing that the man was in some kind of trouble and intended to end his life, he ordered his disciples to line up on the bank and pull the man out. But after the man had gone a couple of hundred paces, he came out of the water and began strolling along the base of the embankment, his hair streaming down, singing a song. Confucius ran after him and said, ›At first I thought you were a ghost, but now I see you're a man. May I ask if you have some special way of staying afloat in the water?‹
›I have no way. I began with what I was used to, grew up with my nature, and let things come to completion with fate. I go under with the swirls and come out with the eddies, following along the way the water goes and never thinking about myself. That's how I can stay afloat.‹
Confucius said, ›What do you mean by saying that you began with what you were used to, grew up with your nature, and let things come to completion with fate?‹
›I was born on the dry land and felt safe on the dry land – that was what I was used to. I grew up with the water and felt safe in the water – that was my nature. I don't know why I do what I do – that's fate.‹« (Zhuangzi) Die Situation ist die: ›Ich verstehe es nicht.‹ ›Es versteht sich von selbst.‹

In Dogens ›Kochbuch‹ *Tenzo Kyokun* heißt es: »›. . . was ist Buddha-Praxis?‹ ›Was immer dir begegnet.‹« Kosho Uchiyama Roshi kommentiert: »Buddha-Praxis bedeutet: hier zu wirken, mit unserem Körper, den Augenblick als solchen zu leben.« Der Geist des Zen ist der Geist des Augenblicks. Im *Rinzairoku* heißt es: »Wenn ihr wirklich von ursprünglicher Einsicht Gebrauch machen wollt, dann bemüht euch jetzt augenblicklich darum, ohne Verzögerung und ohne Zweifel und mit klarer Entschiedenheit.« Soko Morinaga Roshi sagt in seinem Kommentar des *Podium-Sutra* des sechsten Zen-Patriarchen Huineng: »Es gibt keine spezielle Übung oder Übungsweise, um zum Buddha zu werden. Das Eintauchen in jeden Augenblick und Verschmelzen damit, der Samadhi des Augenblicks, ist bereits Buddha.«

D. T. Suzuki erzählt folgende Zen-Geschichte: »Kozankoku (Huang Shangu), ein konfuzianischer Dichter und Staatsmann der Sung-Dynastie, kam zu Kwaido (Huitang), um in Zen eingeführt zu werden. Der Meister sagte zu ihm: ›Es gibt eine Stelle in dem Text, den du gut kennst, welche die Unterweisung im Zen genau beschreibt. Hat nicht Konfuzius erklärt: 'Glaubt ihr, oh meine Schüler, daß ich etwas vor euch verberge? Ich habe euch aber wirklich nichts vorenthalten.' Kozankoku versuchte zu antworten, aber Kwaido gebot ihm Stillschweigen, indem er sagte: ›Nein, nein!‹ Der Schüler des Konfuzius stand verwirrt und wußte nicht, was er äußern sollte. Später einmal machten die beiden einen Spaziergang in die Berge; der wilde Lorbeer stand in voller Blüte und die Luft war des Wohlgeruchs voll. Der Meister des Zen fragte: ›Riechst du es?‹ Als hierauf der Konfuzianer eine bejahende Antwort gab, sagte Kwaido: ›Da hast du's! Ich habe dir nichts vorenthalten.‹ Diese Bemerkung öffnete Kozankokus Geist auf der Stelle.« Aufgeschlossen und offen vor Augen liegt das Verborgene an der Oberfläche versteckt: Wilder Lorbeer voller Blüten. Mach dich auf!

»Vor langer Zeit fragte in China ein Mönch Meister Gensha: ›Ich bin ein Novize und bin gerade in diesem Kloster aufgenommen worden. Von wo finde ich Zugang zum Zen?‹ Gensha sagte: ›Kannst du das Gemurmel des Gebirgsbaches hören?‹ ›Jawohl‹, antwortete der Mönch. ›Tritt von dort aus in das Zen ein‹, war die Antwort des Meisters Gensha.« Mach dich auf!

Nach Dogen sind Berg und Wasser hier und jetzt das Anwesen des Weges der alten Buddhas. Die sogenannte »Erleuchtung« im Zen ist eine profane, die »Mystik« des Zen eine taghelle, eine sonnenklare. Das »Eschaton« ist instantan.

Das erste Koan des *Hekiganroku* (chin. *Biyan lu*) beginnt mit den Worten: »Wudi von Liang fragte den Großmeister Bodhidharma: ›Welches ist der höchste Sinn der Heiligen Wahrheit?‹ Bodhidharma sagte: ›Offene Weite – nichts von heilig.‹ Der Kaiser fragte weiter: ›Wer ist das Uns gegenüber?‹ Bodhidharma erwiderte: ›Ich weiß es nicht.‹«

Koan 41 des *Hekiganroku* lautet: »Joshu fragte Touzi: ›Wie ist das eigentlich dann, wenn einer, der den großen Tod gestorben ist, nun im Gegenteil lebendig wird?‹ Touzi erwiderte: ›Nächtliche Gänge lasse ich nicht zu. Man muß es mit der Taghelle halten, um hinzukommen.‹« Kein Funkeln im Dunklen. Vorsicht vor ›Irrlich-

tern auf dem Sumpf‹. »Verguck dich nicht in die Unvernunft!« (F. Nietzsche) Auf die Frage des Meisters: ›Wo wirst du nach dem Tode hingehen?‹ antwortet der helle Kopf: ›Entschuldige mich einen Augenblick, ich muß auf's Klo.‹ Ein guter Platz für Macher aller Art – auch für Gedanken-Macher und Klugscheißer.
Was wäre »mystischer« als die Klarheit des Lichts der Sonne auf einem Stein oder einem rohen Holzklotz? Der Augenblick der Klarheit ist der Augenblick, in dem die Frage ›Was?‹ auf einmal verblaßt vor der Sonnenklarheit des ›Daß‹. Es ist offenbar – so wie es ist. Es ist so. Was ist ›Es‹? Es ist offen zu lassen. Es ist nichts. Es ist nichts als dieses. Die Eiche im Vorgarten, dies hier, das da, nichts dahinter. Es ist jeweils dies-es; das ist alles. Dabei ist zu verweilen, ohne weil, ohne warum und wozu.

Koan 37 des *Mumonkan* lautet: »Ein Mönch fragte einmal den Joshu: ›Welchen Sinn hat es, daß der Patriarch aus dem Westen kommt?‹ [– was etwa soviel heißt wie: Was ist die Zen-Wahrheit? –] Joshu antwortete: ›Die Eiche im Vorgarten.‹« – Alles klar.

Du bist hier und jetzt, in diesem Augenblick, schon mittendrin. Antworte, ohne zu zögern: Wo ist nun in diesem Augenblick *deine* »Wahrheit«? Bewährt sie sich hier und jetzt?

Koan 11 des *Hekiganroku* lautet: »Huangpo sagte bei der Unterweisung seiner Bruderschaft: ›Ihr Leute hier seid alle samt und sonders Tresterlecker ... Wo aber habt ihr euer Heute?‹« Schenk dir reinen Wein ein. Was du immer noch für das Vorläufige hältst, ist schon das

Endgültige. Das Endspiel läuft schon. Im *Shobogenzo-Zuimonki* heißt es: »Wartet nicht auf die Zukunft.« »Erwarte nicht das Leben morgen! Der Tod ist in der Nähe und droht uns jeden Augenblick.« »Wir leben nur Augenblicke und sehn den Tod umher.« (F. Hölderlin) Du denkst: Er ist noch so weit – aber das »so weit« schrumpft im Nu zusammen, und auf einmal heißt es dann: Es ist *soweit*. Im *Sandokai* (chin. *Cantongji*) von Meister Sekito Kisen (chin. Shitou Xiquan) findet sich die Mahnung: »Ihr, die ihr den *Weg* sucht, vergeßt nicht den gegenwärtigen Augenblick.« Morgen, morgen, nur nicht heute – mach dich auf: heute morgen! Im *Shobogenzo* heißt es: »Now we must realize the way, or we never shall.« Es ist Zeit.

Taisen Deshimaru Roshi sagt: »Wenn ihr nicht hier und jetzt glücklich seid, werdet ihr es nie sein.« »Denn nur wenn ihr das »Hier und Jetzt«, an diesem Ort und sofort verwirklicht, steht ihr der Erlösung unmittelbar gegenüber, an anderen Orten und zu anderer Zeit gibt es keine Erlösung und kein Glück.« Kein Alibi! Jetzt oder nie!

»Es ist nicht notwendig, das *Shinjinmei* oder andere Texte zu verstehen. Wichtig ist allein, die Frage des eigenen Lebens, der eigenen Lebensweise zu durchdringen. Um diesem Problem näherzukommen, haben wir überlieferte Texte und buddhistische Lehren. Nicht um sie zu erlernen, sondern um durch sie und mit ihrer Hilfe diese Frage des eigenen Lebens zu ergründen.« (S. Morinaga Roshi im Kommentar zum *Shinjinmei*) Zen-Praxis verhält sich zur Zen-Theorie wie das Löschblatt zur Tinte: es saugt sie auf und löscht sie aus.

Rede dich nicht raus! Lebe es, hier und jetzt. Hör auf, nur darüber zu reden, und tu es – ohne Tun bzw. Tat. Dann wirst du sehn: Es tut sich etwas: das Tun tut. Vor allem: Setz dir keinen Kopf auf deinen Kopf! Die wichtigste Vorschrift ist: Keine Vorschrift zum Zen-Weg! Nachdem Buttsu »ein Licht« aufgegangen war, schrieb er: »One call, one answer, and clarity is complete: I've vomited out the bellyful of Zen that I had learned before.« Hart gesagt: Zen-Weisheiten – wie diese hier – sind zum Kotzen! – Vor allem das Vorgekaute, Halbverdaute.

Rinzai sagt: »Haltet euch nicht an das, was ich sage. Warum? Nun, meinen Worten fehlt jede Grundlage. Sie sind, farbigen Bildern ähnlich, im Augenblick ins Leere gemalt.« Halte dich an das, was er sagt! »Wenn ihr Aussprüchen nachjagt und euch in Worte verliert, seid ihr nicht besser dran als der Mann, dem sein Schwert vom Schiff ins Wasser fiel und der die Stelle an der Reling markierte.« (Meister Bankei) Ein denkwürdiger Ausspruch. – Der Finger zeigt auf den Mond, aber du starrst auf den Finger, du Narr (*Shodoka*). – Buchstaben-Gucker, Gedanken-Gaffer!

Wer wissen will, wie Reis schmeckt, muß Reis essen. Zen ist kein bloßer Denkweg, kein Weg für Lese- und Lehrmeister, für Gedanken- und Wortemacher, für Füchse, sondern ein Lebensweg für angehende ›Lebmeister‹, eine ›Ochsentour‹ des großen Selbst – freilich eine solche, in deren letzten Etappen der Ochse vollkommen vergessen ist. Selbstvergessen, gedankenverloren mir etwas durch den Kopf gehen lassen, das Denken dem Denken überlassend . . . ohne Ich-Begleiter.

Für Wissensdurstige erzählt Zenkai Shibayama in seinem Teisho zu Koan 19 des *Mumonkan* eine alte Anekdote über einen japanischen Dampfer, der den unteren Amazonas in Südamerika hinauffuhr. Der Fluß war sehr breit, und die Besatzung glaubte, sie sei noch auf dem Ozean. Sie sah weit weg ein britisches Schiff und bat die Briten durch Signale, ihnen doch etwas Trinkwasser zu überlassen. Zu ihrer Überraschung blinkte das britische Schiff zurück: »Laßt eure Eimer ins Wasser hinunter!« In Hakuins *Preislied des Zen* heißt es: »Das Nahe nicht kennend, suchen sie / in der Ferne – wie töricht! / Sie gleichen einem Menschen, der mitten im Wasser / vor Durst schreit ... «

Es gibt in den Zen-Texten unzählige Hinweise darauf, wie ›Es‹ sich im alltäglichen Tun findet. Daian fragte Baizhang: »Ich habe nach dem Buddha getrachtet, weiß aber noch nicht, wie ich mein Suchen fortführen soll.« Baizhang erwiderte: »Es ist gerade, als suchte man nach einem Ochsen, wenn man rittlings auf einem sitzt.« Wir würden nicht suchen, wenn wir nicht schon gefunden hätten. »Zen nachjagen ist, wie dem eigenen Schatten nachjagen, wobei man der Sonne ständig den Rücken kehrt. Wenn man endlich begreift, daß der Schatten sich niemals haschen läßt, kommt es zu einer plötzlichen ›Umkehr‹, einem Satoriblitz ...« (A. Watts)

Die Situation gleicht der eines Mannes in einem Zimmer, dessen Tür er verschlossen wähnt. Er will raus und versucht das Fenster zu erreichen; vergeblich. Er versucht durch den Kamin zu entkommen; vergeblich. Stattdessen brauchte er einfach nur die Tür zu öffnen. Die Tür zum Geheimnis des Zen ist offen: Komm schnell, renn sie ein!

J. Blofeld berichtet von folgendem Dialog: »›Ihr habt das *dao* gefunden! Darf ich es wohl wagen, danach zu fragen, wie Ihr es angestellt habt?‹ ›Hahaha!‹ lachte Fan. ›Warum habt Ihr es mir nicht früher erklärt? Ich habe es nicht gefunden, sondern ganz plötzlich wurde mir bewußt, daß ich das *dao* nie verloren hatte. Jene karminfarbenen Wolken zu Sonnenaufgang, das strahlende Mittagslicht, die Folge der Jahreszeiten, das Zunehmen und Abnehmen des Mondes – das alles sind nicht erhabene Zeichen oder verheißungsvolle Symbole dessen, was sich dahinter verbirgt; sie *sind* das *dao*.‹« Eben!

Hier, unwissend irrend in uraltem Chaos und neuer Unübersichtlichkeit, hier ist es – inzwischen. Unterwegs bist du – ohne es zu wissen – immer schon am Ziel. Das Ziel ist die Einsicht, daß es nie ein Ziel gab – bis dahin ist es ein langer und schwieriger Weg. Ein Beispiel: Im Traum hat einer sich verirrt und den Weg in die Heimat verloren; er fragt einen anderen nach dem Weg, und er bittet um Hilfe. Doch immer noch findet er nicht heim. Rüttelt er sich aber aus dem Traumzustand auf, so findet er sich auf dem eigenen Bett und begreift, daß der einzige Weg heimzukehren der war, aufzuwachen. Du bist immer schon am Ziel. Wenn du darauf zielst, wirst du es nicht treffen. Von der Wirklichkeit gilt in Wahrheit: ›Sie ist immer offenbar und kann niemals fehlen. Wenn du sie suchst, wirst du sie niemals finden.‹ Bei der »Jagd« nach der Weisheit steht es so: Der Jäger jagt vor dem Tor, das Wild aber spielt indessen friedlich im Hof. Es ergibt sich von selbst. Du kommst weiter, heißt: Du kommst weiter – ab. Du *hast* es, heißt: Du hast es – verloren. Du *machst* es heißt: Du machst es – kaputt. Im *Shinjinmei* heißt es: »Du brauchst nicht nach der Wahrheit zu suchen.« Die reine Wahrheit ist, daß du keine Wahrheit zu suchen hast. Je mehr man sucht, um so weniger findet man. In der Mitte des Nicht-Erreichens, erreichst du es. Im Zen ist nichts gesucht. Du darfst nicht suchen, du mußt finden. Besser gesagt: Es findet sich. Es ist da, wo das suchende Selbst nicht ist. Es ereignet sich schon. Wer es gesehen hat, der wird sagen: Mit leeren Händen steh ich da – es liegt ja auf der Hand.

Koan 28 in Zen-Meister Genros Sammlung *Tetteki Tosui* lautet: »Ein Mönch fragte Lungya: ›Was erreichten die alten Meister, wenn sie in den letzten Zustand eintraten?‹ ›Sie waren wie Einbrecher, die sich in ein leeres Haus einschlichen‹, kam die Antwort.«

So wie es ist, so laß es sein, d. h. nur wenn du von ihm *ab*-läßt, läßt du es *zu*, läßt du es da-sein in seinem Selbst-so-Sein. Zen-Meister Taisen Deshimaru sagt: »Es gibt nichts zu erreichen. Nichts zu werden. Nicht die Wahrheit suchen, nicht vor der Illusion fliehen.« Der Wunsch, vor der Illusion – z. B. vor der des Selbst – zu fliehen, ist selbst noch eine Illusion. Es kommt darauf an, da anzukommen, wo du schon bist, hier und jetzt in diesem Augenblick. Wenn du allerdings den Augenblick in seiner Lebendigkeit nehmen bzw. den »Tag pflücken« willst, dann wirst du ihn zerpflücken und ihm sein Leben nehmen. Er *ist* nur in dem Maße, in dem er dir *gleich* ist. Du *hast* nicht diesen Augenblick, du *bist* dieser Augenblick.

Taisen Deshimaru erzählt folgende Geschichte: »Ein Holzfäller war im Wald bei der Arbeit. Er hatte einmal von einem sagenhaften Tier namens Satori gehört und hätte es sehr gerne besessen. Eines Tages kam das Tier namens Satori ihn besuchen. Der Holzfäller rannte ihm nach und war nicht wenig erstaunt, als es zu ihm sprach: ›Du wirst mich nicht bekommen, weil du mich haben willst‹. Der Holzfäller ging zurück an seine Arbeit. Bald hatte er das Tier völlig vergessen. Er dachte an nichts mehr außer an seine Holzscheite. Da kam das Tier von selbst zu ihm und wurde durch einen Baum, den er gerade fällte, erschlagen ...«

Laß den Augenblick Augenblick sein. Kommen lassen – gehen lassen. Komm ins Offene und laß ›Es‹ sein. Es ist um seiner selbst willen zu lassen. Es gibt sich. »Hier und jetzt, so wie es ist, das ist ›Es‹.« »›Es‹ ist das innerste Wesen des Zen.« (Z. Shibayama) ›Es‹ ist der natürliche Gang der Dinge, der Lauf bzw. der Weg, den die Dinge des Lebens von selbst nehmen. ›Es‹ ist das Dao.[3] –

Über dieses ›Es‹, so wie es von selbst so ist, gibt eine Geschichte über das Zen in der Kunst des Bogenschießens Auskunft. Der Meister sagt: »›Sie können von einem gewöhnlichen Bambusblatt lernen, worauf es ankommt. Durch die Last des Schnees wird es herabgedrückt, immer tiefer. Plötzlich rutscht die Schneelast ab, ohne daß das Blatt sich gerührt hätte. Verweilen Sie, ihm gleich, in der höchsten Spannung, bis der Schuß fällt. So ist es in der Tat: wenn die Spannung erfüllt ist, muß der Schuß fallen, er muß vom Schützen abfallen, wie die Schneelast vom Bambusblatt, noch ehe er es gedacht hat.‹« Treffliches Tun ist gelassen. Eines Tages fragt der Schüler den Meister: »›Wie kann denn überhaupt der Schuß gelöst werden, wenn ›ich‹ es nicht tue?‹ ›'Es' schießt‹, erwiderte er. ›Das

3 Es versteht sich, daß dieses daoistische bzw. zenistische ›Es‹ mit dem psychoanalytischen ›Es‹ nicht identisch ist.

habe ich schon einige Male von Ihnen gehört und muß daher anders fragen: Wie kann ich denn selbstvergessen auf den Abschuß warten, wenn ich gar nicht mehr dabei sein soll?‹« »›Wenn Sie dies einmal verstehen, haben Sie mich nicht mehr nötig. Und wenn ich Ihnen auf die Spur helfen wollte, die eigene Erfahrung Ihnen ersparend, wäre ich der schlechteste aller Lehrer und verdiente, davongejagt zu werden. Also sprechen wir nicht mehr darüber, sondern üben wir!‹« »Innerlich aber, für den Schützen selbst, wirken sich rechte Schüsse derart aus, daß ihm zumute ist, als habe der Tag erst jetzt begonnen. Er fühlt sich nach ihnen zu allem rechten Tun und, was vielleicht noch wichtiger ist, zu allem rechten Nichtstun [bzw. Nichttun, G. W.] aufgelegt. Überaus köstlich ist dieser Zustand. Aber wer ihn hat, mahnt der Meister mit einem feinen Lächeln, tut gut daran, ihn so zu haben, als hätte er ihn nicht.« (E. Herrigel) – Wer schießt? Bin *ich* es, oder schießt ›Es‹? Ich bin Es! ›Es‹ gibt das Ich. Laß es sein, das Ich, dieses ›Subjekt‹. ›Es‹ *spielt* das Ich: *Illusion* des Subjekts. – *You wei* ist *wu wei*, mein Tun ist ohne Tun.

Die sogenannte Erleuchtung ist nach Rinzai nur ein Pflock, an dem Esel angebunden werden. Die Erwartung einer Erleuchtung ist das größte Hindernis auf dem Weg zur Erleuchtung. Die sogenannte Erleuchtung bzw. das Erwachen ist nur ein Traum. Aus diesem Traum zu erwachen ist Erwachen. Das Festhalten an der Erleuchtung als einem *Licht*, das *ich* in meine Sache *bringe*, ist luziferisch. Schwärmer mit brennendem Ehrgeiz fliegen in dieses übernatürliche Licht. Dem Licht nähert man sich am besten wie ein Ruderer: rückwarts, das Licht Licht sein lassend, um – nicht geblendet von ihm – das Gesicht und den Blick der Dinge zu sehen, auf die es fällt.

»Die höchste Stufe der Erleuchtung im Zen-Buddhismus ist das Vergessen der Erleuchtung und der Standpunkt des Spiels, wobei man sich so frei und natürlich verhalten kann, wie man will.« (K. Arifuku) Homo sapiens – homo ludens.
In der »großen Arbeit« ist am Ende die Arbeit weggearbeitet, aufgehoben. So erscheint sie wie eine Arbeit ohne Arbeit, wie ein Spiel. Das ›Ich will‹ wird unwillkürlich zum ›Es spielt‹. Es spielt verschiedene Lebensspiele.

»›Du bist alt und doch siehst du aus wie ein Kind. Warum?‹ – ›Ich habe den Weg gesehen.‹« (Zhuangzi) War ›Laozi‹, der ›alte Knabe‹, so ein großes Kind?

Der ›wilde Weise‹ Nietzsche sagt: »Ihr steifen Weisen, mir ward alles Spiel.« Wie das Leben so spielt, steht immer wieder alles von neuem auf dem Spiel. Das Spiel hat Regeln, aber die Regeln ändern sich manchmal und es gibt keine feste Regel zur Änderung der Regeln. »We make up the rules as we go along.« (L. Wittgenstein)

Der Weisheit letzter Schluß besteht wohl darin, auch das ›eine Weise‹ schließlich noch zu lassen, den Stein der Weisen wegzuwerfen; auch dieses Absolute noch zu absolvieren und sich unbeschwert noch einmal auf den Weg zu machen. Es geht um die Freiheit – am Ende auch um die von ihr. Mein letztes Wort: Kein letztes Wort.

»There is no first principle, not love, not wisdom, not realisation.« (R. Aitken) Kein Prinzip – kein Ziel. Kein Zentrum – konzentrier dich drauf! »Wenn ihr etwas habt, von dem ihr glaubt, es sei die letzte Wahrheit, dann ist es gerade dies Etwas, das nicht wert ist, bewahrt zu

werden.« (S. Morinaga Roshi im Kommentar zum *Shinjinmei*). Es gilt, sich an das Nicht-Halten zu halten. Kein metaphysisches Heimweh nach philosophischem Festland! – Offenes Meer, Nichts in Sicht.
Für eine Philosophie des Zen würden wohl die Worte Schellings gelten: »Wer wahrhaft philosophieren will, muß aller Hoffnung, alles Verlangens, aller Sehnsucht los sein, er muß nichts wollen, nichts wissen, sich ganz bloß und arm fühlen, alles dahingeben, um alles zu gewinnen.« Doch dieses ›um ... zu‹ wäre auch noch dahinzugeben, um ... –

»Zenkai Shibayama erzählt: ›Eines Tages sagte ein Mönch zu dem Zen-Meister Joshu: ›Ich habe alles von mir geworfen. Nichts ist mehr in meinem Bewußtsein zurückgeblieben. Was sagst du dazu?‹ Hierauf gab Joshu die unerwartete Antwort: ›Wirf auch das noch fort.‹« Wirf auch das Weg-Werfen weg! Keine Gelassenheit mit angehaltenem Atem! Klammere dich nicht an der Gelassenheit fest! Selbst das Lassen gilt es am Ende zu lassen! »Ausatmende« Gelassenheit – die Ein- und Ausgelassenheit der Kinder beim Spiel. Alte Fischer-Weisheit: Weisheit, die nach Weisheit schmeckt, hat keinen guten Geschmack. Wer sie wirklich hat, hat sie so, als hätte er sie nicht, denn gerade die Spitze der Weisheit wendet sich gegen den Weisen. Drum ist es nicht weise, die Weisheit auf die Spitze zu treiben.

T. Izutsu berichtet von einem Wort eines alten Meisters: »Die Weisheit hat kein eigenes bestimmtes Wissen; sie beleuchtet den Situationen entsprechend. Sieh! Der grüne Bambus ist so heiter grün; die gelbe Blume ist so üppig gelb! Nimm, was du willst, und sieh! In jedem einzelnen Ding ist ›Es‹ völlig nackt offenbart.« Das Okker am Stein da, es scheint auf einmal mehr zu sein als es selbst, so, als sagte es etwas, doch es sagt nichts als sich selbst, es zeigt nichts weiter als sich. Das in der Wendung »nichts als« versteckte »Nichts qua« ist das sich vollendende, vernichtende Nichts, das »Nichts des Nichts«. Zen ist sich selbst vollbringender, vollendender Nihilismus. »Blühende Blumen, das heißt das Nichts; das Nichts, das heißt blühende Blumen.« (Sh. Ueda) Im *Hannya Shingyo* (*Herz-Sutra*) heißt es: »Die Erscheinungen (*shiki*) sind Leere (*ku*), und die Leere besteht in nichts anderem als in Erscheinungen, Formen.« Die Leere tritt *völlig* in Erscheinung, ins Sichtbare, Farbige: geleerte Leere.

Ich sehe eine Weißdornhecke, nicht *mehr.* Wenn ich ganz selbstvergessen in das Sehen der Hecke versunken bin und nichts mehr da ist als diese Hecke, dann sehe *ich* die Hecke *nicht* mehr. Sie läßt sich sehen und sieht mich. Sie sieht sich in mir. Sie und ich sind ineinander ganz vergessen; wie Liebende – doch ohne zu lieben, ohne »Liebe zu machen«: »Begräbnis des Gegenüber«.

Ich mauere eine Mauer, ich fuge eine Fuge. Das Ich geht auf im Mauern der Mauer, im Fugen der Fugen. Da ist nichts als dieses Fugen. Es kommt darauf an, ganz achtsam und wachsam bei der Sache zu sein. Nagaya Roshi sagt: »Beim Sitzen nur sitzen – beim Essen nur essen – beim Sprechen nur sprechen – beim Lachen nur lachen – dann üben sie Zen.« »In deinem Gehen und deinem Sitzen, in der roten Farbe der Blumen und dem Grün der Weiden lebe die Wahrheit, so wie sie ist. Wenn du das tust, dann wirkt dein wahres Selbst ganz frei.« (Z. Shibayama)

»Sapere aude!« – »Wage zu schmecken!« Sapio: Ich schmecke die zehntausend Dinge, bittersüß, so wie sie sind. Sapientia: »Sie läßt alles wie es ist.« (L. Wittgenstein) Dadurch ändert sich alles.

»Klar sehen« heißt sehen, ohne zu sehen im Sinne des in Augenschein-*Nehmens*, des Sich-Klar-*Machens* und Erklärens. »Klar sehen« heißt: auf einmal ganz Auge sein, mehr noch: Auge in Auge zu sein mit den Dingen; mehr noch: nicht bei mir *selbst*, sondern ganz bei den Dingen zu sein. Ich bin da, *daselbst*, im Gelb der Weide. Auf die Frage des Meisters: »Wie heißt dieser Stein?« nennt der Schüler seinen eigenen Namen. Die Ur-teilung von steinernem Ding und übendem Ding ist vorübergehend oder ur-sprünglich (– man schämt sich wegen dieser Strich-Wörter –) aufgehoben. Kein Platz für ein uriges ›Ur-Ich‹.

»All things are one's mind.« (*Shobogenzo*) Sekito Kisen, der chinesische Ahnherr der Soto-Linie, sagte: »Ein Weiser hat kein Ich, aber es gibt nichts, das nicht er ist«, und bei Nishida, dem Begründer der Kyoto-Schule, heißt es: »Die größten Menschen sind die ohne ein Ich, die, die ihr Selbst vernichtet haben.« Der große Zhuangzi sagt: »Der höchste Mensch ist frei vom Ich.« ›No self (chin. *wu ji*), no name, no fame.‹ Es geht nicht ohne den Tod des Ego.

Der klare Weg ist der Weg, der mich selbst von selbst in das Selbe der Dinge führt. Sich in die Dinge, in ihr Selbst-so-Sein finden heißt, sich – das eigene Selbst loswerdend, vergessend, verlierend – in den Dingen finden. Sich lassen heißt: sich einlassen auf die Dinge, auf das Andere, auf den Anderen. Das Maß des Anderen ist er/

sie/es in seinem Anderssein. Das Maß des Kreises ist der Kreis, nicht das Quadrat. Dogen sagt: »To study the Way is to study the self. To study the self is to forget the self. To forget the self is to be enlightened by all things.« (*Shobogenzo*)

Die schwerste Aufgabe des *Selbst* ist die *Aufgabe* des Selbst. Das wahre Selbst des ›Von-selbst-so‹ ist nicht unser kleines Selbst, sondern das »große Selbst« (*daiga*), das den »großen Tod« des Ego gestorben ist. Das »große Selbst« ist das selbstvergessene Selbst, dessen *Selbstheit* abgestorben ist, wie »trockenes Holz« und »tote Asche«, um als Sichselbst*gleichheit* wie neu geboren zu werden. Der Augenblick der Klarheit bzw. der »Selbstwesensschau« (*kensho*) ist der Blick, der frei von mir selbst ist und frei für die Dinge in ihrer Selbstverständlichkeit, d. h. für die Dinge, wie sie *daselbst* so sind. Der Fluß fließt, wie er fließt, die Pflaume blüht, wie sie blüht. Im *Shinjinmei* heißt es: *xu ming zi zhao*, wörtlich etwa: »Leer – Licht/Klarheit – selbst – scheinen/leuchten.« Es erhellt von selbst.

»Weiß ist der Augenblick.« (F. Hölderlin) Er ist der Augenblick des ›schneeweißen Ja‹ zum Da, zu »Laub und Gras, Glück, Segen und Regen« (F. Nietzsche). Segen und Regen: es gilt, beides *leiden* zu können.

Der Augenblick der Evidenz ist blicklos. Er ist ein blickloser Blick, der achtsam fallengelassen wird auf die Dinge. Im Augenblick des hellsten Lichts, in dem ›Es‹ einleuchtet, betrachtest du dir nichts, du glotzt als Hohlkopf in wiedergewonnener Blödigkeit wie ein Ochse, so hohl wie ein rostiger Topf oder ein leerer Spiegel, blicklos mit den offenen Augen des »großen Todes«. Es geht nicht, solange du von dir erfüllt bist. Dein Weg ist der Weg deines Nichts. Beim »studium sapientiae« führt

kein Weg an dem Tor vorbei, über dem geschrieben steht: »Laß dich!« (Meister Eckhart) Laß dich und sieh – da! Dies und das.
Wem ein Licht aufgegangen ist, der weiß: *gleich* ist der Tod. Der Blick des Todes ist dem Augenblick der Klarheit *gleich*.

Der Augenblick der Klarheit ist der Augenblick der Freiheit des Ich vom Ich. Er ist der Augenblick des Nicht-Ich (*muga*), in dem auf einmal mein Selbst vergessen ist. Das Vergessen und Entäußern des kleinen Selbst ist das Erinnern, daß das kleine Selbst in Wahrheit das große Selbst ist bzw. daß das, was *vom Selbst* kommt in Wahrheit *von selbst* kommt.

Die erste Übungsaufgabe in Zen-Klöstern ist meist das Koan 1 des *Mumonkan*, Joshus *Mu*: »Ein Mönch fragte einmal Meister Joshu: ›Hat ein Hund die Buddha-Natur oder nicht?‹ Joshu sagte: ›Mu!‹« Dieses *mu* ist das torlose Tor des Zen. Die Aufgabe ist es, dieses *mu* nicht nur zu kosten, sondern es gut durchzukauen, es wirklich zu schlukken und sich einzuverleiben, es wiederzukäuen, um ganz *mu* zu werden. Wenn du es wirklich verdaut hast, kannst du darauf scheißen. Der Kuhfladen – hat er die Buddha-Natur? Der sogenannte Satori-Blitz ist das Ergebnis der Kernspaltung des vermeintlich in-dividuellen Hardcore-Ego-Atoms als eines »denkenden Dings«. Du denkst nur, daß du denkst. Es denkt. Das Denken denkt. Kein Subjekt – keine Substanz. Satori ist der große Tod des Ego. No subjective and no ›intersubjective core‹ of the Ego, wie ein altmoderner Kommunikationstheoretiker aus Frankfurt meint. Genug Ego-Kernobst! Schäle deine Ich-Zwiebel, schäle weiter – was bleibt, ist zum Heulen.

In Bassuis 4. Brief an den Zen-Meister Iguchi heißt es: »Das Wesentliche bei der Erleuchtung ist, daß das Ich zunichte wird.« »Die sogenannte Erleuchtung bedeutet nichts anderes als die Übereinstimmung von Ichlosigkeit und Natürlichkeit.« (K. Arifuku)

Entscheidend ist: Selbstlos- bzw. Selbstvergessen-Sein (*muga*) und Von-selbst-so-Sein (*shizen*, chin. *ziran*) sind in Wahrheit dasselbe. Das Selbst des ›Von-selbst-So‹ in seiner »Aseität« ist ein Selbst ohne Selbst. ›Es‹ ist ein Selbst ohne Selbst, ›Es‹ tut ohne Tun, von selbst (*zi wei*). Soko Morinaga Roshi sagt im Kommentar zum *Podium-Sutra* des Huineng: »Natürlichkeit ist das Nichtvorhandensein von willkürlichen Wertungen und Urteilen, die aus der Vorstellung eines Selbst entstehen ...« An anderer Stelle betont er, daß es darauf ankomme, sich dem »natürlichen Wirken des Nicht-Selbst« zu überlassen. Natürliches, spontanes ›Von-selbst-So‹ (*ziran*)[4] ist die eigene Bewegung des Auf-dem-Weg-Seins.

Natürlichkeit ist Natalität. Natalität ist Mortalität. Natur ist »Mortur«. Der Augenblick der »Epiphanie« der Dinge in ihrem ›Selbst-so-Sein‹ ist der Augenblick der »Diaphanie« der Natur der Dinge als Mortur, als Stilleben, nature morte. Das Lebendige ist das Sterbliche. Leben und Sterben sind die gleiche Sache. Das Sterben ist das Leben des Lebendigen, so wie das Verbrennen das Leben einer Kerze ausmacht. Der Augenblick der Klarheit, der Evidenz, in dem uns »ein Licht aufgeht«, ist der

4 G. Wohlfart, »Nature and Ethics in Zen: The Concept of ›Zi-ran‹ (Self-So) as a Taoist Source in Zen«, in: *O Fenomeno Religioso*, hrsg. von J. M. Santos, Covilha (Portugal) 1996 (Anais Universitarios, Nr. 6, 1995).

Augenblick des Neu-Erblickens des Lichts der Welt im Durchblick durch das Reich der Schatten des Todes. Lichtseite – Schattenseite: zwei Seiten, ein Berg. Zen in der Kunst des Lebens: ars nascendi et ars moriendi. Der Augenblick des Wie-neu-geboren-Werdens, d. h. der Augenblick prae-, nicht postmortaler Renaissance ist der Augenblick, in dem wir das Leben Leben sein lassen. Es kommt an – auf die unterbrochene Fortsetzung dieses Augenblicks. Der Augenblick der Selbstvergessenheit ist der Augenblick des »von selbst«, dieser helle Augenblick der Freiheit vom Ego ist der »Lichtblick« ins Freie.

Zen-Meister Shido Bunan verfaßte das Waka-Gedicht: »Stirb während du lebst, und sei vollkommen tot. Dann tue, was immer du willst – alles ist gut.« Er sagt: »Töte, töte, töte dich selbst. Wenn du dich vollkommen getötet hast, dann werde zum Meister von anderen.« »Stirb und tue, was du willst« heißt insofern nichts anderes als: »Liebe und tue, was du willst«, als in der »großen Liebe« wie im »großen Tod« das Ego, der »dunkle Despot«, stirbt. Das »Subjekt« wird als »Unterworfenes« befreit. Ausgang aus der selbstverschuldeten Vormundschaft einer über sich selbst unaufgeklärten Aufklärung des Subjekts! Wo ›Ich‹ war, soll ›Es‹ werden. Der Thronfolger seiner ›Majestät des Ich‹ ist ein Kind – *pais paizon*.

Große Liebe – ohne Liebe, großer Tod – ohne Tod. »Junge Leute, wenn ihr nicht sterben möchtet, sterbt jetzt! Wenn ihr jetzt gestorben seid, sterbt ihr nicht, wenn ihr sterbt«, sagt Hakuin. »Alles kommt auf die Loslösung von der Ich-Fessel, vom ›Ich-bin-Ich‹ an.« (Sh. Ueda) Das Ich – dieses fiktive ›Gehirnmännchen‹ –

ist nicht zu retten. Nach dem Tod Gottes steht dir der Tod des Ego noch bevor. Erst wenn du ganz vom Ego verlassen bist, kannst du dich auf *Nichts* verlassen.

Eine alte Weisheit lautet: »Wenn du nicht stirbst, bevor du stirbst, verdirbst du, wenn du stirbst.« Sei kein »trüber Gast auf dunkler Erde« ...

Der Zen-Mönch Suzuki Shosan sagt: »Look straight at death. To know death – that is the entire doctrine.« Hakuin sagt: »Wenn der Bote der Totenwelt kommt, / dann versucht es doch mit Spitzfindigkeiten, mit diesen oder jenen Worten! / Wenn ihr ihm jedoch gegenübersteht, könnt ihr nicht einmal mehr bis vier / oder fünf zählen, ...« Doch nach dem Wort des Konfuzius gilt: »Sieht man am Morgen den Weg, so kann man am Abend freudig sterben.« Jeder Tag ist ein guter Tag zu leben, jeder Tag ist ein guter Tag zu sterben. Es kommt darauf an, sterben zu lernen – sterben zu lernen, um leben zu lernen. Taisen Deshimaru Roshi sagt: »Zazen bedeutet, den Tod während des Lebens zu beobachten. Nur diejenigen, die das Problem des Todes, ihres Todes, lösen, können im Leben wahres Glück finden.« »Wenn man wahrhaft leben will, muß man den Tod in sich kennen.« »Wenn man bereit ist, jetzt zu sterben, kann man wirklich leben.« Die Frage ist nicht: Gibt es ein Leben *nach* dem Tode?, sondern: Gibt es ein Leben *vor* dem Tode? Das Orakel sagt: Du darfst auf Unsterblichkeit hoffen – solange du lebst! »Das Ziel des Lebens ist es, ganz geboren zu werden, und seine Tragödie, daß die meisten von uns sterben, bevor sie ganz geboren sind.« (E. Fromm) So wäre der Zen-Meister die Hebamme, die durch ihre Grobheit dafür sorgt, daß wir ganz geboren werden, daß das Kind in uns wiedergeboren wird. Wenn du wirklich lebendig bist, solange du lebst, und dein Leben auslebst, hast du auch keine Angst davor, wirklich tot zu sein, wenn es aus ist. Lebe mit Leib und Seele und stirb mit Leib und Seele. Geh und laß auch dein Herz nicht zurück!

Sich aufzumachen ist nicht eine Frage des Wissens, sondern eine Frage des Mutes, des Mutes, »die Klippe loszulassen, die tausend Fuß hoch ist«. Laß los – mit beiden Händen. Stirb, aber sei nicht halbherzig. Mach dich nicht halbwegs auf den Weg. Wage es, in den Abgrund deines Nichts zu springen. Hab deine ›Heiden‹-Angst – erst wenn sie von *dir* auf dich genommen wird, wird sie *von* dir genommen. Den Tod in uns lebendig werden zu lassen, den Tod in unser Leben aufzunehmen, das ist der Tod des Todes. Taisen Deshimaru Roshi sagt: »Ja. Es gibt keinen Grund, Angst wovor auch immer zu haben. Wer Angst hat, ist zu egoistisch und denkt nur an sich selbst. Man muß sein Ego aufgeben, dann verschwindet die Angst.« Sich-selbst-loswerden, Befreiung vom Selbst ist Befreiung von der Angst vor dem Selbstverlust. Befreiung vom Selbst ist Befreiung von der Angst vor dem Tod.

Mach dich auf, mach dich auf den Weg, aber laß den Weg Weg sein. Der Weg ist auch da, wo noch kein Weg ist. Der Weg ist ohne Weg. Der Weg entsteht beim Gehen. (Zhuangzi) Frag nicht: Wo ist der rechte Weg? Tritt auf die Frage, dann geht es. »Der Weg, der genannt (bzw. gewiesen) werden kann, ist nicht der beständige Weg.« (Laozi) Überlaß den Weg dem Weg, dann gehst nicht du selbst, sondern der Weg geht, er führt von selbst. Going – ›Self-So-ing‹. (R. Ames) Auf dem Weg mußt du selbst dein Selbst verlassen und vergessen, sonst bist du dir selbst im Weg, du ›self‹-made man. Ohne Selbst ist der Zen-Mann. Von selbst den Weg gehen heißt: weggehen vom Selbst. Es geht schon. Geh einfach, *nur* so, ohne weiteres – auf einmal geht es spielend. Es geht leicht. Es ist nichts dabei. Geh ohne Absicht – nichts im Sinn – ohne warum. Warum? Eben drum! Nur *so* kommst du dem näher, worum es am Ende geht. Sorge nicht, plane nicht – aber paß auf!

Noch eine kleine ›Gutenmorgen‹-Zen-Geschichte zum Aufwachen:
»Es war einmal ein Mann, der stand auf einem Hügel. Einige Leute, die gerade vorbeikamen, sahen ihn und begannen, sich über ihn zu unterhalten. Einer sagte: ›Sicher vermißt er ein Tier‹, ein anderer meinte: ›Nein, es wird ein Freund sein, nach dem er Ausschau hält‹, und ein dritter sagte: ›Ach wo, er genießt nur die kühle Luft da oben.‹ Die drei konnten sich nicht einigen, und so beschlossen sie, ihn zu fragen: Der erste fragte: ›Warum stehst du hier? Hast du ein Tier verloren?‹ ›Nein‹, antwortete der Mann, ›ich habe kein Tier verloren.‹ Darauf fragte der zweite: ›Dann hältst du sicher nach einem Freund Ausschau?‹ ›Nein‹, antwortete der Mann, ›ich halte nicht nach einem Freund Ausschau.‹
Schließlich fragte der dritte: ›Genießt du vielleicht den frischen Wind auf der Anhöhe?‹ ›Nein‹, antwortete der Mann, ›ich genieße auch nicht den frischen Wind auf der Anhöhe.‹ Da fragten ihn alle drei: ›Warum also stehst du dann hier oben?‹ Da antwortete der Mann: ›Ich stehe hier nur so.‹«

至人無己
平成丙子元旦

Zen für Ochsen

Blöde Sprüche zu einer altchinesischen Bildergeschichte

> Wer über die schweigende Wahrheit des Zen Sprüche macht, gleicht jener intelligenten Schildkröte, die mit ihrem Schwanz die eigenen Spuren verwischen wollte, sie aber gerade dadurch hinterließ.
>
> (Aus der Vorrede des Ciyuan zu den Ochsenbildern des Meisters Guoan)

Die folgenden zehn Bilder vom Ochsen und seinem Hirten illustrieren zehn Momente auf dem Weg des Zu-sich-selbst-Kommens. Dieser Weg ist der Weg des Sich-selbst-Vergessens und Sich-Verlassens, auf dem von selbst ein Licht aufgeht.
Die ursprünglichen Zeichnungen und Kommentare werden Guoan Shiyuan, einem chinesischen Chan-Meister des 12. Jahrhunderts, zugeschrieben.
Die Bilder der vorliegenden Ausgabe stammen von Zen-Maler Shubun (gest. 1454), einem Mönch des Shokoku-Tempels in Kyoto, sie gelten als die schönsten unter allen Ochsenbildern, die nach dem Vorbilde Guoans gezeichnet und bis heute überliefert worden sind.
Die Kommentare stammen vom Verfasser.

Ochsensuche

Hörst Du Nichts?
–
das Zirpen der Zikaden
anhaltend
der Atem des Abends

Das Finden der Ochsenspur

Sommergras
steht da
gerade vor Augen.
Nichts ist
verborgen

Das Finden des Ochsen

Da
selbst
im Weidengelb
vergessen
Du

Das Fangen des Ochsen

Wildes Leben
gelassen
frei
will ich
sein
in allem
still wie der Tod

Das Zähmen des Ochsen

Du Ochse
geh so
nur so
von selbst so

Die Heimkehr auf dem Rücken des Ochsen

Ziel: spielend
Weg
Weg
Sein lassen

Der Ochs ist vergessen, der Hirte bleibt

Wie gestern
ist heute
morgen
auf einmal
die ganze Zeit
da:
Mond Sonne

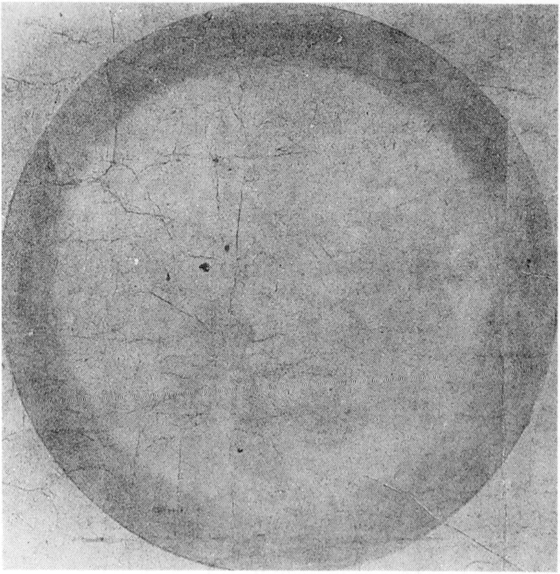

Die vollkommene Vergessenheit von Ochs und Hirte

kein Hirte
auf dem Ochsen
–
unter dem Hirten
kein Ochse

Zurückgekehrt in den Grund und Ursprung

Sieh, nur
die Winter-Pflaume blüht
wie sie blüht

Das Hereinkommen auf den Markt mit offenen Händen

Das
Lassen
Lassen –
Barfuß lachend
Die Sonne im Bauch

自然
功山

Xi Yan	Karges Wort
Zi Ran	Von selbst so

(Laozi, *Daodejing*, Kap. 23)

Für Nichts und wieder Nichts

Sprachliche Verwicklungen eines alten Esels am Holzpflock der Erleuchtung

Erwachen ist zum Lachen

(Alternder Narr)

»Lachen ist ein Affekt aus der plötzlichen Verwandlung einer gespannten Erwartung in Nichts.«

(Der Chinese von Königsberg)

Zen-Klatsch

Hörst du Nichts?
Hakuin klatscht zum Stampfen der
Falter im Gras –
Der Bambus biegt sich vor Lachen

Geleerte Leere

Ton Schale
voll Mond licht

Cap de L'Homy

meer himmel   weit leer

Keine Rede von Erleuchtung: Sonnenklar

Was ist
da
scheint ein Sonnenocker auf
einmal…
Nichts ist

Transsubstantiation: kein Wunder

Was ist es?
Es scheint
auf einmal
durchs Schilfgras
am Bachrand
verwandelt
Wasser in Wasser

Haecceitas
oder
Nichts Besonderes

Der Holzklotz ist
eben so wie
er ist
wie sonst
sonst nichts

Réalisation
oder
Mittsommernachtshimmel

so licht
ist die Eiche
im Hof
mit einmal
sie selbst
nicht mehr
genau so

默

Eine Tasse Tee

Gefäß der Stille
gehalten
am Rande der Namen
 –
beim Schweigen
im Wort,
ein Schwätzchen im Garten

ausgeredet – ausgeschwiegen

im Wort
  bei der Stille
    zu lachen
im Garten
  am Bach
    zwei Spatzen tschilpen
im März

静寂

Moos auf dem Mund

Sag ohne zu sagen
–
Bestimmung der Stille
wie
still
das Licht ist im Moos
–
Nichts ist gesagt

Mu Chi

Still
ist das Leben
sechs Persimonen

Blätternamen

wie Blätter
lösen sich
nämlich
fallend
Namen los
von Blättern
so …

Offene Weite

los
gelassen
fallen
namen
los

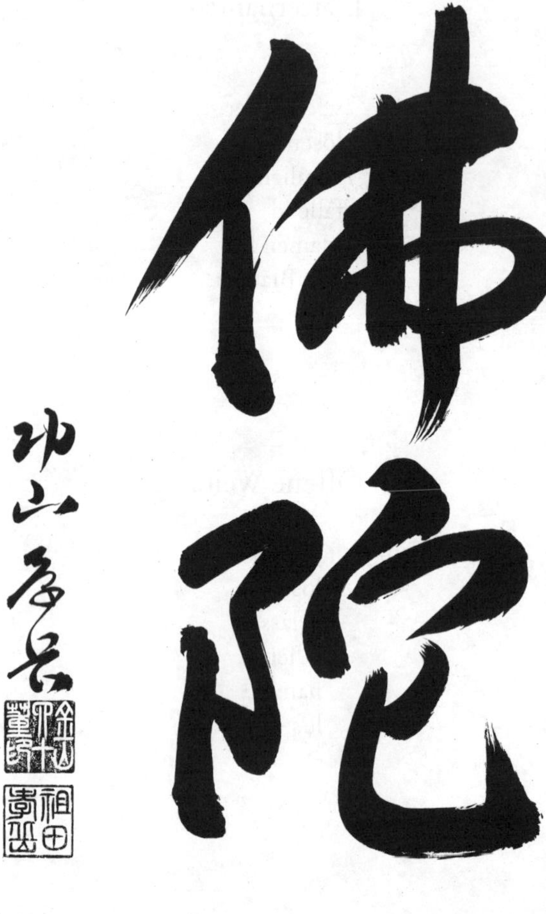
佛陀

Indessen

Herbst zeitlos
blühend
–
verirrt
in der Zeit
zu weilen
vorübergehend

Belle de nuit

Morgenstern des Abends
hervorleuchtend
zwischen den Zeiten
–
denn noch
ist es so weit
–
es ist Zeit
aus leeren
Kelchen der Nacht

Steinlachsommer

Strahl der Sonne
gefallen ins Wort

Letztes Jahr

noch
einmal
schon
–
letztes Licht der Sonne
scheint auf
rostrot im Schrott
–
nie
mehr
davon

Fasten des Herzens

Es atmet die Leere
aus trockenem Gras
–
Es atmet die Leere
ein Strahl der Sonne

petites mémoires
oder
Lieben ohne zu lieben

schon
einmal
noch
–
helles Ocker in trockener Erde
strohdockengelb
–
vollendetem Leben
gleich
ist der Tod

現成公案

So, so, so
oder
Coup d'œil

immer
so fort
geht es
im Augenblick
auf
Mandelblüten im Schnee
–
paß auf!

Die schöne Fremde

kaum fallen
Pflaumenblütenblätter
auf
Pflaumenblütenblätter
da

Garrigue

nicht ich
Sommergras weg gehen
von selbst

Im Nu

wie ich
blicke des lichts im bach
wie nichts

da da
oder
Bergerie de Chauvette

ich maure die Mauer,
fuge die Fuge;
das Wasser rinnt
da in der Rinne
da immerfort
da
bin ich

Leerer Spiegel

Nichts spiegelt sich
im Wasser
als ich

Gedankenflug

ich weiß nicht
weißer Kranich
weiße Wolken

Route de Faste

geh und sieh
wie die Berge
zu dir kommen

月

Montjoi
oder
Mit leeren Händen zurück

Es ist schon
so weit und so offen
so leer und so licht
–
Buschklee und Vollmond

Corbières

klar ist
das Licht des Vollmonds
in weißer Nacht
–
groß ist der Tod

Alle Zeit

tagaus tagein
Steine tragen
wie lange
ist es
heute
ist es
morgen
ist es
gestern

vergangen es
ist
die Erinnerung
eines Tages

Einst

Früher
Morgen
–
Miyajima
Wiedersehn
Miyajima
–
Rückblick
Eines Tages

無

Ile de Bréhat

Wind
Kiefernzweige reichen
–
Nichts weiter
Stille

Tramontane

Nichts als Schilfgras im Wind
Es erinnert an nichts

涅槃

Verwehen

roter Mohn
da
ein Blatt schon
davon

Schneegestöber in den Ostbergen

Schneeflocken
sehn
Schneeflocken
–
schneeweißes Verwehn

白雲
功山

Nichts im Sinn

wohin
die weißen Wolken ziehn
–
lichte Schatten
da im Ziegeldach
dahin

Herbstmond

beinah
soweit
da
ein weißer Mond taucht auf
im Weiher
weiße Wolken ziehn
weit
näher
vorbei

有時

Baumzeit

die Eiche steht
an ihrer Stelle
steht die Zeit

Midi
oder die
Plötzlichkeit des Ölbaums

Lichter Schattenkreis
in dessen
Mittagsstille
steht die Zeit

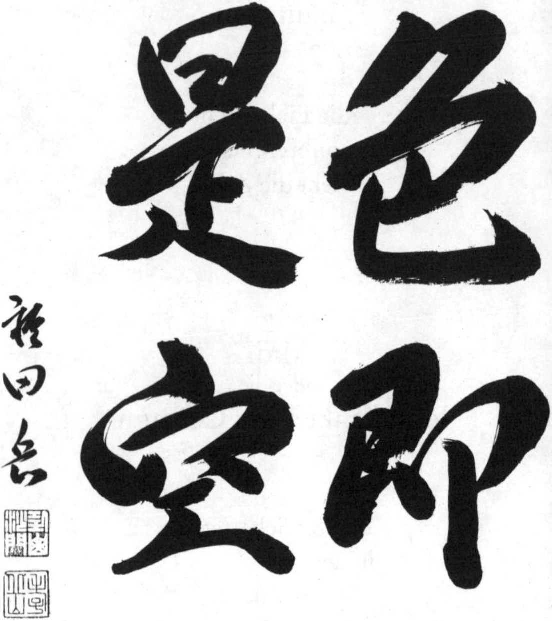
色即是空

Au point du jour

Berg Form
heller Leere

Anders – wie sonst

am Anfang siehst du die Berge
nicht mehr als die Berge
–
dann siehst du die Berge nicht mehr
als die Berge
–
am Ende siehst du die Berge
nicht mehr
als die Berge
–
du siehst
nicht

神人無功

年歲丙子元旦
夢菴道人

Über das Hüten von Haikühen

Ein tractatus poetico-philosophicus

Haiku-Geist ist Zen-Geist. »Haiku began and ended with Basho.« (N. N.)

»Haiku is a kind of Satori.« (R. H. Blyth)

Das geglückte Haiku ist ein Augenblick. Der Augenblick des Haiku ist ein Augenblick des Erwachens vor der Sache. Das Licht und der Schatten der Welt werden von neuem erblickt.

Der Augenblick des Erwachens ist ein Augenblick des Lachens.

Haiku sind todernst, aber so ernst auch wieder nicht. (*hai*: »Scherzen«; *kai*: »heiter«)

Das große Haiku ist ›todheiter‹; insofern ist es ein Todes-Haiku.

»Each of my verses has been a death verse« (*jisei*). (Basho)

Das »Rätsel« des Haiku ist das »Rätsel« des Koan.

Beide haben dieselbe »Lösung«: wie Salz im Wasser – cum grano salis.

Das Haiku ist »a wordless poem«. (A. Watts)

Haiku, Haiku: Nichts als Worte – vergiß sie!

Das Wort des Haiku ist wortloses Wort.

Sprechend in ihm ist das wortlose Wort zwischen den Worten und nach den Worten, sein »Nachklang«, sein »Abgang«. Da, wo nichts ist, da ist ›Es‹. Nichts spricht.

Der Haijin, der, der die Haikühe auf die rechte Weise treibt, redet, ohne zu reden, er schweigt, ohne zu schweigen.

»Wenn du still bist, redest du, redest du, bist du still.« (Shodoka)

Das Reden des Haijin ist ein Schweigen, d. h. ein »Fasten des Herzens«. (Zhuangzi)

Schweigsame Rede ist nicht Reden vom Schweigen.

Im Haiku wird das Unsagbare durch das Ungesagte gesagt. »In Haiku then there is an attempt to ›say something without saying it‹. That which remains unsaid tells more than the words and yet is unclear without them.« (Y. Hoffmann)

Das Haiku nimmt so viel wie möglich Worte zwischen dir und den Dingen weg.

Es läßt die Dinge für sich sprechen; sie sagen sich; sie sprechen dich an, sie fassen dich in Worte. Die Worte sind Gefäße der Stille.

Im Haiku nimmt sich das Wort in die Stille zurück. Haiku ist Durchdringen *der* (*genitivus obiectivus et subiectivus*) Stille im Wort.

Das Motto des Haiku. *Xi yan ziran* (Laozi, Kap. 23): »Karges Wort von selbst so.« Minimales Wort – vielsagend.

Die Maxime des Haijin: »Less is more.« Mahnung an langnasige Silbenschmiede: Kein Silbenschinden! Trick 17 hilft nicht immer! Ein Haiku ist mehr als ein japanoider Siebzehnsilber. Basho – der Großmeister – weicht von der Zahl 17 mehrfach ab.

Grundregel: »Keine Altvorderen auf dem Haiku-Weg« (Basho, der Altvorderste). Regeln wie: 17 Silben, Kigo (Jahreszeitenwort), keine Überschrift, kein Reim usw. sind dazu da, um ausnahmsweise durchbrochen werden zu können. Man muß die Regeln lernen – und sie vergessen lernen. Wider den Purismus: »Wasser, das zu sauber ist, hat keine Fische.«
Das deutsche Haiku kann und soll kein japanisches Haiku sein, es kann bestenfalls dessen Geist *entsprechen*, es kann versuchen zu *antworten*. Oft antwortet es viel zu lang, mit treudeutschem Ernst und Zwang.

Das Haiku ist konkret. (D. Krusche)

Das Haiku ist der Augenblick des Erstaunens über das ›Daß‹ der Dinge in ihrer »Dieseinzigkeit« (*haecceitas*).

Das Haiku ist der Augenblick der »realization« (engl.; frz. »réalisation«) der Dinge in ihrem ›So-Sein‹.

»Haiku does not talk *about* something, Haiku does not describe something, Haiku *presents*« – es präsentiert die Dinge hier und jetzt – im Präsens. Die dem Haiku angemessenen Verbformen sind das Präsens oder das Partizip. (M. Buerschaper)

Im Haiku werden die Dinge zu ›Präsenten‹, »durchduftet von So-heit« (Nishida). Der Geschmack des guten Haiku ist der Eigen-Geschmack der Dinge, so wie sie sind, nicht der »gute Geschmack« des Haijin.

»Learn about a pine tree from a pine tree and about a bamboo plant from a bamboo plant.« (Basho)

Für den Haiku-Weg gilt: *Dao fa ziran* (Laozi, Kap. 25). Der Weg hat zum Gesetz das ›Selbst-So‹, die »Aseität« der Dinge. »To follow ziran (self-so) as its standard is to model the square while within the square and the circle while within the circle ...« (Wang Bi's Kommentar zu Kap. 25)

Der Haiku-Weg ist der Weg ins Selbe.

In der immanenten Transsubstantiation des Haiku verwandelt sich Wasser in Wasser, Berg in Berg, Bambus in Bambus.

Haiku verstehen heißt nicht, etwas Unverständliches zu verstehen. Haiku verstehen heißt, das Selbstverständliche zu verstehen.

Der Haiku-Weg ist der alltägliche Weg. »Die für uns wichtigsten Aspekte der Dinge sind durch ihre Einfachheit und Alltäglichkeit verborgen. Man kann es nicht bemerken, – weil man es immer vor Augen hat.« (L. Wittgenstein)

»Was der Geist findet, kann er zum Haiku werden lassen.« (Basho) Der »Gegenstand« des Haiku ist nichts Besonderes, sondern »eben dies«.

»The haiku presents the event in an image, *shows* us what happened, does not tell us about it or tell us what emotion to feel.« (W. J. Higginson)

Haiku tells us »to welcome whatever happens next« (J. Cage), to realize what happens.

Das Haiku läßt die Dinge Dinge sein, so zeigen sie sich. Also: »Denk nicht, sondern schau!« (L. Wittgenstein). Überlaß das Denken lieber deinen Haikühen. Achte auf die Syntax der Dinge.

Das Haiku vermeidet Metaphern im herkömmlichen Sinne.

Die Dinge im Haiku sind Metaphern ihrer selbst. Die Dinge erinnern an sich selbst.

Entscheidend im Haiku ist die ›Unzweiheit‹ von Subjekt und Objekt. Kein Subjekt, kein Gegenstand: ›sans sujet‹.

Haiku ist das »Begräbnis des Gegenüber«. Es sagt: »Tat tvam asi.« – »Dies bist du.« (*Chandogya-Upanishad*) »Don't look *at* the object, but *as* the object« (Hui-neng). Du selbst bist *daselbst* in den Dingen. »The thing perceives itself in us.« (R. H. Blyth)

Der Haijin sagt, was sich in ihm sieht.

Das Subjekt bzw. das Selbst des Haijin ist ein Selbst ohne Selbst. Sein Ich ist Nicht-Ich (*muga*). Sein Herz-Geist ist nicht verhaftet (*mushin*). Er ist ›herz-los‹. Nicht »apprendre par cœur« (J. Derrida), sondern *zuo wang*, »Sitzen und Vergessen« (Zhuangzi); nicht ›Herz und Igel‹, sondern ›Fasten des Herzens‹, ›trockenes Holz‹ und ›tote Asche‹. Er ist ›gedanken-los‹. Er hat seine *Gedanken* an die Dinge *verloren*. Er findet sich »selbst« in den Dingen.

Selbstvergessen ist er eingelassen auf die Dinge in ihrem So-Sein, auf ihr ›Selbst-So‹. Er *geht* auf sie *ein* und *geht* in ihnen *auf*.

Das Haiku ist nicht künstlich, sondern natürlich. Es folgt dem Lauf der Dinge – of course.

Natürlich ist das Haiku nicht schon deswegen, weil ein Jahreszeitenwort in ihm vorkommt. Haiku ist mehr als saisonale Postkarten-Romantik. Ein Haiku formt sich selbst; es ist ungekünstelt, es wird spontan, ganz natürlich »freiheraus« gesprochen (chin. *ziran*; jap. *shizen* – ›selbst-soend‹). Haiku erzählt von der Natur der Dinge, indem es von den Dingen der Natur erzählt, von ihrem ›Selbst-So‹. Insofern ist das Haiku als Naturgedicht mehr als ein bloßes »Naturgedicht«.

Die Geburt des Haiku aus dem Geist des Zen: »On tongue-tip turn a thousand times« (Basho) – aber dann in einem Atemzug: »freiheraus« damit! Es wird nicht gesucht, sondern gefunden. Wer sucht, wird nicht finden.

Im schlechten Haiku sind die Worte gesucht, es werden Worte *gemacht*.

Das gute Haiku ist *nicht gemacht*, sondern geworden, gewachsen. Es glückt. Es macht sich. Der Weg des Schreibens macht sich beim Schreiben.

Der Haijin schreibt, ohne zu schreiben, d. h. Worte zu machen. Er überläßt das Schreiben dem Schreiben, als »Einfaltspinsel« überläßt er die Pinselführung dem Pinsel. Er hört auf das Gespräch der Worte untereinander. Es ist gut, wenn er die Sprache nicht *beherrscht*, sondern auf dem Gipfel seiner Technik über seiner Technik steht und sie vergißt.

So geht es spielend, »kinderleicht«. Das gute Wortspiel ist ein Kinderspiel in der Familie der Sprachspiele – ein Kinderspiel für einen rechten Dreikäsehoch.

»Get a three-foot child to write haikai.« (Basho)

Haiku ist ein Text für Nichts und wieder Nichts. Eine Möglichkeit, um herauszufinden, ob der rechte Ton im Haiku getroffen ist, ob »es stimmt«, ist, es laut vorzulesen, auf sein Klingen und – last not least – auf sein Verklingen zu achten.

»Haiku, no less than waka, are songs. They are meant to be read aloud, and repeated aloud.« (R. H. Blyth)

Die Erscheinung der Dinge im Haiku ist die Leere, die Leere ist die Erscheinung. (Hannya Shingyo)

Die Leere im Haiku ist geleerte Leere, das Nichts im Haiku ist absolviertes Nichts, Nichts des Nichts (*zettai mu*).

»Blühende Blumen, das heißt das Nichts; das Nichts, das heißt blühende Blumen.« (Sh. Ueda) Es geht um *Nichts als* (*qua*) blühende Blumen.

Im Haiku gibt es keinen »verborgenen Sinn.« (S. Sommerkamp, W. v. Bodmershof) Nichts ist verborgen. Das Wort des Konfuzius ist das Wort des Haijin: »My friends, do you think I conceal anything from you? I conceal nothing from you.«

»What you see is what you see.« (F. Stella) Das Haiku ist geistarm.

Das Haiku hat keinen »tieferen Sinn.« (M. Buerschaper) Es ist nicht tiefsinnig, »philosophisch«. *Yugen* wird oft als »geheimnisvolle Tiefe« übersetzt. Ja, aber im Haiku ist das Geheimnis ein offenes.

Das Tiefste im Haiku ist an der Oberfläche versteckt.

Das Haiku ist oberflächlich aus Tiefe.

»They aspire to be deep without depth.« (R. H. Blyth) Das Haiku ist kein Sinngedicht.

Der Augenblick des Haiku ist ein Augenblick des Sinns ohne Sinn. Im Haiku *hält* die Suche nach dem Sinn *an*. (R. Barthes)

Das Haiku ist nicht kryptisch. »Offene Weite, nichts von heilig.« (*Hekiganroku*, Koan 1) Profane Illumination. Zen-Geist und Haiku-Geist ist unheiliger Geist. »Wir wollen etwas *verstehen*, was schon offen vor unseren Augen liegt. Denn *das* scheinen wir, in irgend einem Sinne, nicht zu verstehen.« (L. Wittgenstein) Wenn du durch ein ›Türangelwort‹ auf einmal »zwischen Tür und Angel stehst«, hörst du, was es dir sagt: Komm ins Offene!

»Hier vor euren Augen bietet ›Es‹ sich dar, die weite Welt hält nichts verborgen.« Die Wahrheit ruft in den Gassen.

Im Haiku gibt es keinen »Griff nach dem hinter der Erscheinung Verborgenen« (W. v. Bodmershof). Es will nicht »das Geheimnis, das hinter jedem ... Naturereignis verborgen liegt« (M. Groißmeier) aufhellen.

Bashos Ziel war es mitnichten, »hinter die Phänomene zu schauen« (G. S. Dombrady). »Man suche nichts hinter den Phänomenen: sie selbst sind die Lehre.« (J. W. Goethe)

Im Haiku geht es nicht um das Sichtbarmachen des Unsichtbaren, sondern um das Sichtbarmachen des Sichtbaren. Das Haiku stellt eben alles bloß hin und erklärt und folgert nichts. – Da alles offen daliegt, ist auch nichts zu erklären. »Denn was etwa verborgen ist, interessiert uns nicht.« (L. Wittgenstein)

Im Haiku gibt es ebensowenig wie im Zen einen »transzendenten Bezug« (M. Buerschaper); das Haiku vollzieht eine Wendung um 360 Grad in die Immanenz. Die Bewegung des Haiku ist kein Schritt, keine Wendung »von der Immanenz in die Transzendenz« (M. Buerschaper, W. v. Bodmershof), sondern Reszendenz – »umgekehrte Himmelfahrt« (Jean Paul). Im Haiku geht es keineswegs darum, »in metaphysische Bereiche zu dringen« (G. S. Dombrady). Im Haiku ist kein Platz für »metaphysische Bedürfnisse«. Es ist gottlos: Christlicher Geist und Haiku-Geist sind einander fremd.

Das Haiku ist ›meta-physisch‹ im ursprünglichen Sinne des griechischen Wortes »meta« (nicht »nach« oder »hinter«, sondern »zwischen«, »inmitten«). Der Ort des Haiku ist im Physischen, hier inzwischen ...

Das Schwerste beim Haiku ist, daß es nicht schwer ist, sondern »leicht«. (Karumi)

Die Kunst des Haiku ist die Kunst der Kunstlosigkeit.

Haiku-Kunst ist Kunst ohne Kunst.

Höchste Kunst ist nicht Künstlichkeit, sondern Natürlichkeit.

»The highest art of the artist is to hide rather than to reveal beauty.« (R. H. Blyth)

Manche Haiku sind zu schön, um wahr zu sein.

Das Haiku besteht nicht aus schönen Gefühlen, sondern aus Text, aus Textur – d. h. auch aus Lücken. In gewissem Sinne ist jedes Wort im Haiku ein ›Schneide-wort‹ (*kireji*). – Seine »Präzision« schneidet von vornherein jede Sentimentalität ab. Das Haiku ist unsentimental. »Sentimentality is perhaps the greatest enemy of art and life.« (W. J. Higginson) »Guter Geschmack ist eine kalte Sache.« (Tanizaki Jun'ichiro) »Pour être bon haijin il faut être sec.« Die Kunst der Fuge zeigt sich bei der »trockenen« Fügung: Keine Mörtel-Wörter! Das Haiku ist unlyrisch. Der ins Tonlose gehörende Ton der Holztrommel oder der Bambusflöte entspricht ihm eher als »Lyrisches«. Höchste Poesie neigt zum Prosaischen, d. h. zur »geradeaus gerichteten Rede«. Das Haiku glänzt nicht. Der Haijin ist nicht verblümt, er schmückt nichts aus; er nennt das Rohholz Rohholz – der Rohling! Brut de brut.

Mu

in der Kunst Haikühe zu treiben
Haiku-Kentaurengeburten

Away

unmoored boat
follows the flow
of course

Keine Altvorderen auf dem Weg
(Ein Altvorderer)

Ajonc

Stechginsterblüte
Regengesicht des Frühlings
gelb in der Pfütze

Vögele

Wolkenspatzzwitschern
leerer erscheint der Himmel
Morgenlichtflittern

Dunkles Licht

beinah noch ferner
scheinen die Berge einmal
auf nach dem Regen

Mont Tauch

leer doch heller schon
an der Grenze des Berges
der Morgenhimmel

Ilex

trockene Wege –
Sommerregen fällt
auf leuchtende Blätter

Mondgesicht

leichter Abendwind
im Krötenteich verschwimmt groß
ein rötlicher Mond

Langue d'oc

Ja sagen klare
Strahlen der Abendsonne
sprachlos vor Ocker

Roussillon

Erdklumpen
im Sonnenfleck
umbra

wie heute
das Meer im Stillen lachte
wie immer

Wind kommt auf
draußen am Meer
nichts weiter

Lichtsplitter im Bach
–
dunkelnder Moosgrund

Kaltes Bachwasser
unter meinen Fußsohlen
hellgraue Kiesel

Nordseehorizont:
die Fahnenstange senkrecht,
flatternde Laken

Flatternde Fahne
Wolkenschatten am Berghang
Sonnenklarer Weg

Seeland

Sanddornbeeren –
wie licht
scharf einbricht die Dunkelheit –
Nordseehimmel

Klar Schiff

frischer Nordwestwind
ein leeres Boot tanzt hinaus
aufs offene Meer

Miwa

Herbstregentränen
in Mädchenkiefern
Mondlichttropfen

amourette

mich verlassen,
zu fallen in allem wie licht
Zittergrasschatten

Lindenzweigschatten
fegen im Herbstwind eine
Brunnensteinmulde

Zwielicht im Westen
lange Blutbuchenschatten
dunkler rauscht der Fluß

Verwilderter Herbstgarten

Blicke des Lichts
fallen gelassen
auf gelbe Birnen

Das Selbe in Grün

da liegt er, ganz klar:
der Krautkopf auf dem Acker –
hellgrün, dunkelgrün

Mitten im Herbstgrau
auf einmal
hellblauer Himmel

ferner Wildgansschrei
wie die Linien der Berge
sich verlieren im Weiß

Roscoff

jadedunkles Licht
wintertiefer Seehimmel:
aufleuchtendes Ja

denn noch aufleuchtend
hören Eichenlaubtöne
auf schweigendes Weiß

Ile de Houat

allein
Bretagne blau
weißer Möwenschrei
dein Gesicht

Jammerbucht

fahlweiße Schreie
am dunkelnden Seehimmel
nicht eine Möwe

Schneesonnenlicht
und Zedernzweig formen
die Leere

die Spuren verweht –
weißer Wind in den Birken
wohin der Weg geht

für Ba

Cabriole
Schnee weißes Zicklein
springt
übermütig ins Frühlingsblau

聖人無名

歳丙子元旦

夢菴存岳

Basho

nebst epigonalem Silbengeklingel
sowie Anmerkungen zu zwei Texten von Basho

Dem Frosch-Haiku sowie dem Zikaden-Haiku sind zwei gelehrte Anmerkungen beigegeben, um den Froschsprungwasserton sowie das Zikadenzirpen besser hörbar zu machen.

kareeda ni karasu no tomarikeri aki no kure

Basho 1680*

bare-branch on crow's is-perched autumn's evening

on a bare branch
a crow has alighted...
autumn nightfall

engl. Übers. von
Makoto Ueda, *Basho and his Interpreters*,
Stanford (California)
1991, S. 57

Auf kahlem Astwerk
Eine Krähe niedergelassen
Abend des Herbstes

* Das Haiku besteht aus 19 statt aus 17 onji (Silben). Die deutsche Übersetzung des Verfassers versucht dem Rechnung zu tragen. Zur Entstehung des Haiku vgl. O. Toshiaru, *Basho's Haiku*, Tokyo 1990, Nr. 2.

für B.

Kahler Asten

Kahle Krähenäste
–
Kalter Spätherbstabend

umi kurete kamo no koe honokani shiroshi

Basho 1685*

sea grow-dark wild-duck's voice faintly white

the sea darkens –
a wild duck's call
faintly white

M. Ueda, S. 123

dunkelnde See
Wildentenruf
schwach weiß

* Das Haiku besteht aus 5+5+7 onji statt aus 5+7+5.

für B.

5 – 5 – 7

hoher Wildgansruf
hellgrau im Norden
Wolkenfetzen von der See

furuike ya kawazu tobikomu mizu no oto

Basho 1686

old-pond: frog jump-in water's sound

the old pond –
a frog jumps in,
water's sound

M. Ueda, S. 140

alter Teich –
ein Frosch, hineinspringend
der Wasserton

für B.

Lautere Stille

Alter Teich –
Die Frösche hören auf
Die Frösche

Froschsprung-Wasserton[1]

»Um sich vor den Sirenen zu bewahren, stopfte sich Odysseus Wachs in die Ohren und ließ sich am Mast festschmieden [...] Nun haben aber die Sirenen eine noch schrecklichere Waffe als den Gesang, nämlich ihr Schweigen. Es ist zwar nicht geschehen, aber vielleicht denkbar, daß sich jemand vor ihrem Gesang gerettet hätte, vor ihrem Schweigen gewiß nicht [...] Und tatsächlich sangen, als Odysseus kam, die gewaltigen Sängerinnen nicht, sei es, daß sie glaubten, diesem Gegner könne nur noch das Schweigen beikommen, sei es, daß der Anblick der Glückseligkeit im Gesicht des Odysseus, der an nichts anderes als an Wachs und Ketten dachte, sie allen Gesang vergessen ließ. Odysseus aber, um es so auszudrücken, hörte ihr Schweigen nicht [...].«[2]

Dichtung versteht, wer ihr Schweigen hört. Die stillen Räume der Dichtung betritt man erst, wenn das Bedürfnis zu reden gestillt ist. ›Wo das Getön des Mundes‹ ist, da werden die Töne der Stille der Dichtung nicht gehört. Vollmundigem Geschwätz und philosophischen Wortblähungen ist nur durch ein ›Fasten des Herzens‹ abzuhelfen, das Schweigen heißt. Die Maxime des ›religiösen Schriftstellers‹ gilt auch für das Tun des Dichters: »das

1 Bei der folgenden Anmerkung handelt es sich um die überarbeitete Fassung des 2. Teils (»Dichtung und Schweigen«) meines Beitrages »Sprache und Dichtung« zu dem Band *Sprache denken*, hrsg. von J. Trabant, Frankfurt a. M. 1995. – Vgl. vom Verfasser ferner das Stichwort: »Schweigen / Stille«, in: *Historisches Wörterbuch der Philosophie*, hrsg. von J. Ritter und K. Gründer, Bd. 8, Basel 1992.

2 F. Kafka, *Das Schweigen der Sirenen*, in: F. K.: *Erzählungen*, hrsg. von M. Müller, Stuttgart 1996, S. 244 f.

Erste, die schlechthinnige Bedingung dafür, daß man etwas tun kann, somit das Erste, das man tun muß, ist dies: schaffe Schweigen [. . .].«[3] Was Cézanne in einem Gespräch mit Gasquet vom Maler sagt, gilt auch für den Dichter, der mehr ist als ein bloßer Wortemacher: »[. . .] sein ganzes Wollen muß schweigen. Er soll in sich verstummen lassen alle Stimmen der Voreingenommenheit, vergessen, vergessen, Stille machen, ein vollkommenes Echo sein.«[4] Die Worte van Goghs in einem Brief an den Bruder Theo gelten auch für den Dichter, dessen Dichtung die Mnemosyne der stummen, figürlichen Sprache in sich hat: »Es muß ein ›je ne sais quoi‹ in jemandem sein, das ihm den Mund verschließt und ihn tätig macht – etwas Schweigendes, auch wenn er spricht – inwendig schweigend meine ich [. . .].«[5] Der Dichter ist »schweigsam, auch wenn er redet [. . .]«[6]. Von den Krämern auf dem Markte dagegen gilt wie von denen, die auf dem Jahrmarkt der Eitelkeit die Silbermünzen der Worte wechseln: »Alles bei ihnen redet.«[7] Dieser »ventosa loquacitas philosophorum«, dieser windigen Geschwätzigkeit der Philosophen gegenüber ist die Maxime des Poeten: schweigen zu lernen bzw. reden zu lernen, um »recht zu schweigen«[8]; denn der Dichter muß lernen,

---

3 S. Kierkegaard, *Gesammelte Werke*, hrsg. von E. Hirsch [u. a.], Abt. 27, 28, 29, S. 84. – Vgl. G. Wohlfart, »Das Schweigen – Philosophische Bemerkungen zum Begriff des Schweigens bei Kierkegaard, Nietzsche, Heidegger und Wittgenstein«, in: *Reports on Philosophy* 15 (1995) S. 135.

4 P. Cézanne, *Über die Kunst. Gespräche mit Gasquet*, Hamburg 1957, S. 9.

5 V. van Gogh, *Briefe an den Bruder Theo*, Zürich 1982, Bd. 1, S. 120, 322, 324.

6 F. Nietzsche, *Kritische Studienausgabe in 15 Bänden*, hrsg. von G. Colli und M. Montinari, München; Berlin / New York 1980 ff., Bd. 4, S. 204.

7 Ebd., S. 233.

8 Ebd.

sein Schweigen nicht durch Schweigen zu verraten[9], er schweigt, ohne zu schweigen, er ist beim Schweigen *im Wort*. Der Dichter schweigt, wenn er redet, und redet, wenn er schweigt. Poetische Rede ist schweigsame Rede, poetisches Schweigen ist beredtes Schweigen. Da, wo das Schweigen der Dichtung am durchdringendsten ist, scheint es am meisten durchdrungen von Sprache. Die höchste Aufgabe des Dichters ist das *Durch-dringen* der Stille im Wort. Der ›rote Faden‹ der Rede des Dichters ist versponnen mit dem goldenen Faden des Schweigens. Das Motto des Dichters wäre so letztlich die alte griechische Gebetsformel, die wir vom Ende der *Eumeniden* des Aischylos kennen: »Euphemei«, mit einem Wort sagt sie beides: rede gut und schweig!

Hielt Heidegger, »tiefdunkle Blicke in das Wesen der Sprache« werfend[10], die »Sigetik« für das Wesen der Logik[11], so möchte ich sagen: *Sigetik ist das Wesen der Poetik* oder schlichter: Die *Stille* ist ein bestimmendes *Motiv* der Dichtung. Die dichterische Rede hat inmitten ihrer höchsten *Bewegtheit* das *Ruhigsein*, das *Stillesein*. Die Stille ist inmitten des Wortes der Dichtung wie die Radnabe inmitten der Speichen des Rades. In der Dichtung dreht sich alles um die Stille. Nicht das höchste *denkerische* Sagen – wie Heidegger meint –, sondern das höchste *dichterische* Sagen besteht darin, »im Sagen das eigentlich zu Sagende nicht einfach zu verschweigen, son-

9 Ebd., S. 220. – Vgl. auch Kierkegaard, *Gesammelte Werke* (s. Anm. 3), Bd. 5: *Die Tagebücher*, S. 246.

10 So M. Heidegger über Humboldt, in: M. H., *Unterwegs zur Sprache*, Pfullingen ²1960, S. 268.

11 Vgl. dazu G. Wohlfart, »Heidegger's Philosophy of Language«, in: *Chinese Culture University Press*, Vol. 35, No. 4, Dec. 1994.

dern es so zu sagen, daß es im Nichtsagen genannt wird«[12]. Mehr noch als vom Sagen des Denkens, das nach Heidegger ein ›Erschweigen‹ ist, gilt vom Sagen des Dichters, daß es ein *Ausschweigen* ist; sein Ausreden ist ein Ausschweigen. Über ein Gedicht von Uhland, das Wittgenstein bewunderte, schrieb er an Engelmann: »Wenn man sich nicht bemüht, das Unaussprechliche auszusprechen, so geht *nichts* verloren. Sondern das Unaussprechliche ist, – unaussprechlich – in dem Ausgesprochenem *enthalten*!«[13]

Der Dichter schweigt, um im Ungesagten das Unsagbare zu sagen. Sein Schweigen ist Fabel des »Ineffablen«, Mitteilung des Unmittelbaren, Vermittlung des Unmittelbaren. Der Dichter ist kein ›Worte-macher‹ wie der Philosoph[14], vielmehr kommt es ihm darauf an, so wenig wie möglich hineinzureden in das, was sich die Worte stillschweigend untereinander sagen, nicht einzugreifen in ihre immanente Responsion bzw. Resonanz – dann ergeben sich die Worte von selbst, mit der ›guten Eris‹ als Schutzpatronin gibt ein Wort das andere. Die Sprache ›bekümmert sich schon um sich selbst‹ – wie man im Anschluß an Novalis' *Monolog* sagen könnte.

Den Meister erkennt man an dem, was er wegläßt, was er sagt, ohne es zu sagen. Die Stelle des tiefsten Schweigens kann die poetisch dichteste sein. Das geglückte Gedicht ist ein Gedicht der Stille. Im *Vers* werden die *Wendungen* der Rede zu Wendungen des Schweigens, in

12 M. Heidegger, *Nietzsche*, Bd. 1, Pfullingen 1961, S. 471.
13 L. Wittgenstein, *Briefwechsel*, hrsg. von B. F. McGuinness und G. H. von Wright, Frankfurt a. M. 1980, S. 102.
14 Vgl. Nietzsche, *Kritische Studienausgabe* (s. Anm. 6), Bd. 11, S. 349.

denen sich das Gedicht, stillschweigend für sich sprechend, an uns wendet. Das *Enjambement* z. B. ist ein *Sprung* des Schweigens, das gleichsam einen Rückstau im Fluß der Rede bzw. einen ›Aspekt-wechsel‹ im *Satz* erzeugen kann, aus dem ein veränderter Sinn *resultiert.*[15]
Die Mittel der Dichtung, im Gegenstoß gegen sprachlich verfestigte, geschlossene Sinngefüge den Sinn wieder neu zu öffnen, uns gleichsam ins Offene, Wortlose zu rufen, sind reich. Grammatische Ambiguität, Wortspiel, Assonanz usw., diese Beispiele für das Unausgesprochene im Ausgesprochenen der Dichtung sind nur einige Beispiele für die »Schätze von Poesie«, die der Dichter nicht in die Sprache legt, sondern die in der Sprache verborgen liegen und die er gleichsam nur hebt.[16]
Das Schwanken der Bedeutung ist die lebendige Bewegung im »Erleben der Bedeutung eines Wortes«[17]. Jedes Wort ist in seiner wesenhaften Mehrdeutigkeit – ein Blick ins Grimmsche Wörterbuch genügt – ein Palimpsest; es erzählt, meist unbemerkt und in aller Stille, zwischen seinen Silben eine kleine Geschichte, »petites mémoires involontaires«. »Irgendein Name, den wir in einem Buch von früher gelesen haben, enthält zwischen seinen Silben die rauhen Windstöße und den glitzernden Sonnenschein, die herrschten, als wir es lasen.«[18]

15 Vgl. z. B. F. Hölderlin, »Mnemosyne«, zweite Fassung, V. 8 f.: »Zweifellos // Ist aber Einer.«
16 Vgl. F. W. J. Schelling, *Philosophie der Mythologie*, Stuttgart/Augsburg 1856, S. 52.
17 Vgl. L. Wittgenstein, *Philosophische Untersuchungen*, hrsg. von G. E. M. Anscombe, G. H. von Wright und R. Rees, in: L. W., *Werkausgabe*, Bd. 1, Frankfurt a. M. 1984, Tl. 2, Kap. 11.
18 M. Proust, *Auf der Suche nach der verlorenen Zeit*, in: M. P., *Werkausgabe*, Bd. 13, Frankfurt a. M. 1964, S. 293.

Gleicht das Aussprechen eines Wortes dem »Anschlagen einer Taste auf dem Vorstellungsklavier«[19], so macht das, was dabei im Stillen anklingt und unausgesprochen mitschwingt und nachklingt, den lebendigen Geist des Wortes aus. Gerade das Unausgesprochene, Angedeutete, das in stummer figürlicher Sprache zu uns Sprechende, macht oft das Sprechende, das Ansprechende einer Redefigur aus. Dieses Sprechende, schweigend Beredte, ist die wortlose, »göttliche Sprache« des Winks im menschlichen Wort.

Schweigen ist als beredtes Schweigen der Dichtung nicht das bloße *Ende* der Rede, sondern deren *Vollendung*, nicht das *Aufhören* der Rede, sondern das *Hören* der Rede auf die Stille.
Schweigen geht als beredtes, dichterisches Schweigen nicht im *Ungesagten* auf, sondern ist die Rede vom *Unsagbaren*; dieses bleibt ausgesprochen unausgesprochen. Die schweigende Sprache des Dichters ist wiedergefundene Sprache; sie kommt aus der Sprachlosigkeit des Angesprochenseins vom Unsagbaren, Ineffablen, Individuellen.

Der Dichter *sagt* das Unsagbare im Einzelnen, in dem er es *zeigt*. Das Unaussprechliche zeigt sich in seiner Sprache; in ihrem Wortlaut ist die Resonanz der Sprache der Götter, die von alters her in Winken sprechen. Heraklits berühmtes Fragment B 93 ist ein Grundsatz der Semantik bzw. Semiotik ebenso wie der Poetik.[20] Das Frag-

19 Vgl. L. Wittgenstein, *Philosophische Untersuchungen* (s. Anm. 17), § 6; vgl. auch L. W., *Philosophische Grammatik*, hrsg. von R. Rees, in: L. W., *Werkausgabe*, Bd. 4, Frankfurt a. M. 1984, [5]1993, § 104: »Der Satz spielt gleichsam auf dem Instrument der Seele ein Thema (den Gedanken).«

20 Vgl. G. Wohlfart, »L'Apollon Dionysiaque«, in: *Kairos* 4 (1993) S. 218 ff.

ment handelt, ohne ihn expressis verbis zu nennen, von Apoll, dem Musageten, der »Oute legei oute kryptei alla semainei«, der also weder sagt, noch verbirgt, sondern bedeutet, Zeichen gibt. Seine Kundgaben sind weder bloß logisch, noch nur kryptisch, sondern semantisch. Er gibt – nicht-redend redend – Zeichen, Winke. – Das Schweigen des Dichters ist ein Zeigen.

Wenn der späte Heidegger das Wesen der Sprache als »Sage«, und diese als »Zeige« bestimmt,[21] so dürfte Heraklits Fragment B 93 nicht ohne Einfluß auf diese Deutung gewesen sein.[22] Sagt Heidegger: »das Wesende der Sprache ist die Sage als die Zeige«[23], so möchte ich sagen: Ein wesentliches Moment der Sprache der Dichtung ist das Sagen als Zeigen. Einmal gezeigt ist besser als hundertmal gesagt. Der große Dichter spricht nicht *über* etwas, sondern er spricht *für* etwas, derart, daß dieses selbst sprechend wird, stillschweigend für sich spricht, sich selbst sagt. Er beschreibt nicht, er zeigt, er präsentiert. Um ein Wort von Klee aufzunehmen: er gibt nicht Sichtbares wieder, er macht sichtbar. Durch seine Worte und durch ihre Zwischenräume, ihre Fugen der Stille eröffnet er eine ganze Welt von Erscheinungen.

In den Sätzen der Sprache der Dichtung wie im musikalischen »Tonsatz« sind gerade die Pausen oft die semantisch dichtesten, *springenden Punkte*, der lebendige Atem des Ganzen, so wie der Punkt als Satzzeichen ein

21 Vgl. M. Heidegger, *Unterwegs zur Sprache* (s. Anm. 10), S. 253 f., 257.
22 Vgl. M. Heideggers Deutung von Heraklits Fragment B 93, in: M. H., *Gesamtausgabe*, Bd. 55, hrsg. von M. S. Frings, Frankfurt a. M. ³1994, S. 177 ff.
23 Heidegger, *Unterwegs zur Sprache* (s. Anm. 10), S. 254.

Moment des Innehaltens und *Still*seins und gerade insofern ein Sinnschnittpunkt sein kann. Sinn liegt nicht nur in den Wörtern, sondern auch im Intervall der Wörter, im »schweigenden Weiß« zwischen den Zeilen und Wörtern. Wie gesagt: Zum Verstehen des Sinnzusammenhangs gehören die »Fäden des Schweigens«, die das Gewebe eines Textes durchziehen.[24]

Das wohl hervorragendste Beispiel hierfür ist das wortlose Wort der Haiku-Dichtung. Das bekannteste Haiku des größten japanischen Dichters Basho soll hier als Paradigma etwas näher betrachtet werden, um auf eine ›Fuge der Stille‹ in der harten Fügung der kargen Worte aufmerksam zu machen. Das Haiku lautet:

furuike ya
kawazu tobikomu
mizu no oto

R. H. Blyth übersetzt: »The old pond; / A frog jumps in, – / The sound of the water.«[25] Aitken übersetzt ebenso und gibt als kürzere, wörtliche Variante an: »Old pond! / frog jumps in / water of sound.«[26] Er kommentiert: »Though there is a pause in meaning at the end of the first segment, the next two parts have no pause between them. In the original, the words of the second and third parts build steadily to the final word *oto*. This has penetrating impact – ›the frog jumps in water's

24 Vgl. M. Merleau-Ponty, »Le Langage indirect et les Voix du Silence«, in: M. M.-P., *Das Auge und der Geist*, Hamburg 1984, S. 69 ff.

25 R. H. Blyth, *Haiku*, Bd. 1: *Eastern Culture*, Tokyo 1981, S. 246. – Vgl. auch M. Ueda, in: *Basho and his Interpreters*, hrsg., übers. und mit einer Einl. von M. Ueda, Stanford University Press 1991, S. 140.

26 R. Aitken, *A Zen Wave. Basho's Haiku and Zen*, New York / Tokyo, ^{4}1989, S. 25.

sound.‹«[27] W. J. Higginson sagt: »Grammatical ambiguity, in which a word or phrase serves two different grammatical purposes at once, appears on the most famous hokku of all, Basho's

old pond . . .
a frog leaps in
water's sound.

The second line ends in a form that may signal the end of a sentence, or may continue on without a break in meaning into the last line. Read the first way, we have ›old pond . . . a frog leaps in‹ and then the result, ›water's sound‹. But when we notice the second alternative the meaning shifts to this: ›old pond . . . a frog leaps in water's sound‹ – in other words, ›old pond . . . the sound of the water a frog leaps into‹. In a plain prose statement this latter meaning would be the only interpretation, but placing the statement into the traditional form of the haiku causes an enjambement between the verselines that opens the meaning. The enjambement makes ›a frog leaps in‹ seem at first a complete sentence, then part of a larger grammatical whole.«[28]
Der »springende Punkt« zwischen dem zweiten und dem dritten »Vers« – wenn man so sagen dürfte –, in denen es um den Sprung des Frosches ins Wasser geht, zeigt sich bei den Schwierigkeiten einer Übersetzung ins Deutsche. Wörtlich übersetzt würde sich ergeben:

fu ru = alt,
i ke = Teich,

---

27 Ebd.
28 W. J. Higginson, *The Haiku Handbook*, Tokyo / New York / London 1989, S. 122.

ya = *kireji* (Trennungswort);
ka wa zu = Frosch,
to bi = springen, fliegen,
ko mu = hinein;
mi zu = Wasser,
no = dessen, davon (Genitiv),
o to = Stimme, Klang, Laut.

In M. Uedas *Basho and his Interpreters*[29] findet sich folgende wörtliche Übersetzung: »old-pond /:/ frog / jump-in / water / 's / sound«.

Verfehlt scheint mir bei genauerem Zusehen etwa die Übersetzung von H. Kojima: »Am uralten Teich, / Wohl ein springender Frosch; / Wasser hallt.«[30] Die Übersetzung scheint im übrigen auch ihrer unbegründeten Hinzufügung des »Wohl« und der darauf aufbauenden Interpretation wegen als ungeeignet. Auf den zweiten Blick zeigt sich, daß auch eine »gerundete« Übersetzung wie die folgende die grammatische Ambiguität verfehlt, indem sie aus dem springenden Punkt des Enjambements einen Schlußpunkt macht: »Alter Teich in Ruh –/ Fröschlein hüpft vom Ufersaum. / [sic! G. W.] Und das Wasser tönt.«[31] Ein niedliches, kleines Gedichtlein! Ähnlich unzureichend erscheinen schließlich die Übersetzungen von T. Hasumi: »Alter Teich. / Fröschlein

29 Ebd., S. 140.
30 H. Kojima, »Monade und Dichtung – Zur phänomenologischen Analyse des japanischen Kurzgedichts (Haiku)«, in: *Philosophisches Jahrbuch* 91 (1984) S. 340. – *Japanische Jahreszeiten. Tanka und Haiku aus dreizehn Jahrhunderten*, aus dem Japanischen übertr. von G. Coudenhove, Zürich 1963, S. 90.
31 *Japanische Jahreszeiten* (s. Anm. 30), S. 90.

hüpft hinein – / Wasser tönt in Ruhe«[32] und H. Zachert: »Da, der alte Teich / es hüpft ein Frosch hinein / man hört's vom Wasser.«[33]

Hört man's?

Zu finden wäre eine Vexier-Übersetzung, gewissermaßen ein Springbildtext, der einen Aspektwechsel ermöglichte zwischen der gewöhnlichen Lesart: »Ein Frosch springt hinein → Wasserstimme« und der ungewöhnlichen, widersinnig anmutenden, nach der japanischen Grammatik aber möglichen Lesart: »Ein Frosch, hineinspringend(e) Wasserstimme.«

Eine auf jegliche Poetik verzichtende Übersetzungsmöglichkeit wäre vielleicht: »Alter Teich – ein Frosch hineinspringend die Wasserstimme.« Entscheidend scheint es jedenfalls zu sein, das Augenmerk auf den in der grammatischen Ambiguität des Enjambements (Froschsprung – Wasserton) enthaltenen »Zeitsprung« bzw. die *Aufhebung* der Zeit im Modus der Sukzession (Froschsprungwasserton) zu lenken. Der Wasserton ist nicht einfach nur ein *Resultat* im Sinne von Ergebnis – aus dem Froschsprung –, sondern zugleich eine Art *Rücksprung* in der Zeit. Der *Ton* (griech. *tenein* ›spannen‹) des Wassers eröffnet eine Zeit-spanne bzw. Zeitspannung, in

32 T. Hasumi, *Zen in der Kunst des Dichtens*, Bern/München/Wien 1986, S. 26.

33 Der japanische Kommentator Joshito Suone spricht der verbal-adjektivischen Sprachfunktion des Wortes *tobikomu* wegen von einem Partizip Präsens und betrachtet ebenfalls die »offenbar unlogische« Wortverbindung »(ein) Frosch (im Nominativ) hineinspringender Wasserhall«. Die Pointe seiner aufschlußreichen Interpretation ist die Zeitentzogenheit der Aussage im zweiten und dritten Vers. Vgl. J. Suone, »Haiku-Gedichte«, in: *Akzente* 6 (1959) S. 498 ff. – Die sich für den englischen bzw. deutschen Übersetzer zunächst anbietende Übersetzungs-Variante: »Ein Frosch springt in die Wasserstimme« ist von der japanischen Grammatik her wohl nicht möglich.

der das »Fließen« bzw. »Fliegen« der Zeit im Nu (»in no time«) *anhält*, d. h. sowohl andauert als auch stillsteht, und in einem Moment lauterer Stille Wasserlaut und Stille gleichzeitig hörbar werden.
Das Haiku zeigt ein Bild bewegter Ruhe. Die siebzehn *onji* sind gleichsam *Silben* der Stille, die sich zu einem *Moment* der Stille *zusammenzunehmen* scheinen. »The Zen monk Haikuin always talked about the sound of one hand clapping. The sound of water in this hokku is also like that: it is there and it is not there.«[34]

Bashos Worte sind karge Worte, die sich gleichsam in die Wortlosigkeit zurückzunehmen scheinen. Die Kunst des Haiku ist die Kunst des »geizigen Worts«, des »wortlosen Worts«. »Perfect speech is the abandonment of speech; perfect action is the abandonment of action«, wie es im *Zhuangzi* heißt.[35] Wer sich auf diese Rede ohne Worte versteht, der kann reden, ohne Worte gemacht zu haben; er kann schweigen und hat doch geredet.[36] »[He] says nothing yet says something, says something yet says nothing ...«[37] Für den Dichter gelten die Worte aus dem *Shodoka*, einem alten Zen-Text: »Wenn du still bist, redest du: redest du, bist du still.« Er redet, ohne zu reden, er schweigt, ohne zu schweigen. In der Dichtung geschieht, um es mit den Worten Sh. Uedas zu sagen, ein doppelter Durchbruch: »Die Sprache wird zum Schweigen durchbrochen, und dies Schweigen wird wie-

---

34 Sh. Nobutane, in: *Basho and His Interpreters* (s. Anm. 25), S. 140.
35 *The Complete Works of Chuang Tzu*, übers. von B. Watson, New York / London 1968, S. 247.
36 Vgl. ebd., S. 304.
37 Ebd., S. 46.

derum zur Sprache gebracht.«[38] Das Wort großer Dichtung ist *aufgehobene* Stille – Bestimmung der Stille im doppelten Sinn des Wortes.

Die Stille ist der Grundton der dichterischen Rede. Sie entspricht der Stille, ist durch Stille getönt, »stilltönend« – wie Hölderlin gesagt hat. Zu ihrem Wortlaut gehört der Laut der Stille. Das Gedicht spricht aus der Stille, diese spricht aus ihm, es entspricht der Stille. Die Sprache der Dichtung ist *lautere* Stille – im doppelten Sinne des Wortes, verdichtete Stille. Durch seine Rede schweigt der Dichter im Grunde, er läutert die Stille. In der Sprache der Dichtung *teilt* sich Schweigen *mit*, indem es gebrochen wird. Sprache der Dichtung ist *gebrochenes* Schweigen, *Bann* des Schweigens. In der dichterischen Äußerung ist Stille erinnert, in ihr werden wir der Stille inne. Im stillen Leben der Dichtung kommt das Schweigen unzähliger Toter zu Wort. Der Dichter übersetzt das Schweigen ins Wort, er artikuliert, gliedert das Schweigen. Er legt die Innigkeit des Stillschweigens aus im Wort. Das Verlautete nimmt sich gleichsam zurück in die Stille. Die Worte der Dichtung sind *Fassungen* des Schweigens angesichts dessen, was uns fassungslos, sprachlos macht. Gedichte sind Gefäße der Stille. Der Dichter ist sozusagen *im Wort* bei der Stille. Sie geht in ihm auf. Will er etwas von der Stille sagen, so muß er im Ausgesprochenen dem Ausgesprochenen entsagen. Die Anstrengung des Dichters besteht darin, die Stille durch das Wort zu halten, das Schweigen im Wort zu bewahren, die Innigkeit der Stille in Worten auszutragen. Aus

38 Sh. Ueda, zit. nach: F. Buri, *Der Buddha-Christus als der Herr des wahren Selbst*, Stuttgart 1982, S. 311.

gehaltenem Schweigen, aus äußerster Innigkeit, inmitten der Stille, entspringt das Wort. Die Anstrengung des Dichters ist das Aushalten die *Inständigkeit* des Schweigens inmitten der Rede. Spricht der Dichter, so ist er doch immer im Wort bei der Stille. Es scheint, daß ihm die Stille ins Wort fällt, hell wie die Frühlingssonne.

Jede Erscheinung im »Buch der Natur« kann als »lebendiges Wort«, als Wort ohne Worte verstanden werden.[39] Die stumme Sprache der Dinge, die für sich sprechen, wird nur im tiefen Schweigen vernommen. »Es ist nicht notwendig, daß du aus dem Hause gehst. Bleib bei deinem Tisch und horche. Horche nicht einmal, warte nur. Warte nicht einmal, sei völlig still und allein. Anbieten wird sich dir die Welt zur Entlarvung, sie kann nicht anders, verzückt wird sie sich vor dir winden.«[40]

---

39 Vgl. J. G. Hamann, *Sämtliche Werke*, hrsg. von J. Nadler, Bd. 3, Wien 1951, S. 32.
40 F. Kafka, *Hochzeitsvorbereitungen auf dem Lande*, New York 1953, S. 54.

shizukasa ya iwa ni shimiiru semi no koe

Basho 1689

stillness / : / rock to permeate cicada's voice

the stillness –
seeping into the rock
cicada's screech

M. Ueda, S. 249

Stille
in den Felsen dringend
Zikadenzirpen

für B.

Midi

Zikadenzirpen
durchdringend die Stille
Mittagshitze

Zikadenzirpen[1]

Die folgenden Ausführungen gliedern sich in drei Teile:

1. Ich werde einige *Vorbemerkungen* über die Metaphorik der Sprache im allgemeinen und über die Metaphorik der poetischen Sprache im besonderen machen.
2. Im *Hauptteil* werde ich versuchen zu verdeutlichen, was ich unter Metapher ohne Metapher verstehe. Dann werde ich im einzelnen auf ein berühmtes Haiku des großen japanischen Haiku-Meisters Basho eingehen.
3. Der letzte Teil enthält *Schlußbemerkungen* über das ametaphorische, apoetische und averbale Moment großer Poesie.

1.
Metaphorik der Sprache und poetische Metaphernsprache

Nach Vico bildet die Metapher allgemein bei allen Völkern den größten Teil des Sprachkörpers.[2] Jede Sprache ist ein »Wörterbuch erblasster Metaphern«, wie Jean

---

1 Eine geringfügig veränderte Fassung der folgenden Bemerkungen wurde in englischer Sprache beim 6. Symposion der Académie du Midi 1994 in Südfrankreich und im Oktober 1996 an der Simon Fraser University in Vancouver vorgetragen.

2 G. Vico, *Die neue Wissenschaft über die gemeinschaftliche Natur der Völker*, Berlin 1966, S. 90. – Bereits Quintilian wußte, daß fast alles, was wir reden, figürlich ist. Vgl. Institutio oratoria 9,3,1; 8,6,8 f.

Paul es treffend metaphorisch ausdrückte[3], und ein Wort aus diesem Wörterbuch ist das Wort »Metapher« selbst. Für Nietzsche ist der Trieb zur Metaphernbildung ein »Fundamentaltrieb des Menschen«[4], der Begriff, z. B. der Begriff »Begriff«, ist das bloße »Residuum einer Metapher«[5]. »Wer die Redefigur, die wir Metapher nennen, einmal anfängt zu beachten, dem erscheint die menschliche Rede bald ebenso aufgebaut aus Metaphern wie der Schwarzwald aus Bäumen.«[6] – Liebrucks sagte: »Die Metapher ist die Reflexion des Tuns der Sprache innerhalb der Sprache.«[7] Insofern alles Reden Übersetzen ist[8], ist es »metaphorá«[9], »translatio«, Übertragen von Bedeutung. *Die Metapher ist Übertragung von Sinn.* Die Metapher überträgt den Sinn per analogiam meist vom Sinnlich-Anschaulichen (Körperlichen) aufs Unsinnlich-Begriffliche (Geistige). Die Metapher ist ein Hauptbestandteil der menschlichen Rede im allgemeinen, insofern sie *Poiesis* von Sinn ist, d. h. insofern sie überhaupt »Sinn macht«, *Sinn überträgt.*

Die Metapher ist aber bekanntlich auch ein Hauptbestandteil der *poetischen* Sprache im besonderen, insofern

3 Jean Paul, *Vorschule der Ästhetik*, in: J. P., *Sämtliche Werke*, hrsg. von N. Miller und G. Lohmann, Abt. 1, Bd. 5, München 1963, § 50.

4 F. Nietzsche, *Kritische Studienausgabe*, hrsg. von G. Colli und M. Montinari, München; Berlin / New York 1980, Bd. 1, S. 887.

5 Ebd., S. 882.

6 K. Bühler, *Sprachtheorie*, Jena 1934, S. 342. – Man denke z. B an einen einfachen Satz wie ›Le téléphone ne marche pas‹. Selbst die Negation ›ne … pas‹ (wörtl.: kein Schritt) ist eine Metapher!

7 B. Liebrucks, *Sprache und Bewußtsein*, Bd. 1, Frankfurt 1964, S. 482.

8 Vgl. J. G. Hamann, *Aesthetica in nuce*, mit einem Komm. hrsg. von S.-A. Jørgensen, Stuttgart 1968 [u. ö.].

9 Im Neugriechischen bedeutet »metaphorá« soviel wie »Umzugsunternehmen«.

sie »Sinn stiftet«, etwas im *übertragenen Sinne* zu verstehen gibt.
Auch und gerade im Hinblick auf die Metaphernbildung kann die Poesie als »Muttersprache des menschlichen Geschlechts« bezeichnet werden.[10] Liegen nicht Schätze von Poesie, d. h. von poetischer Metaphorik, vergessen im Grunde der Sprache als natürlichem Kunstwerk, die der »archäologische Poet« zunächst einmal nur auszugraben braucht? Ist die Grammatik metaphorischer *Analogik* der Poesie – metaphorisch gesprochen – die »Tiefengrammatik« der konzeptuellen *Logik* der Prosa der Alltagssprache? Ist die *Lesmosyne* der »tiefen« Formationen der metaphorischen Sprache der Dichtung nicht die Voraussetzung des alltäglichen Sprachgebrauchs, so wie die *Mnemosyne* dieser Metaphorik dagegen die Mutter der Musen des Dichters?
Klar ist: Das metaphorische, sinnübertragende Wesen der Sprache überhaupt kommt in der poetischen Metapher »im übertragenen Sinne« zum Vorschein bzw. zur Sprache. Ich halte fest: Die Metapher, dieses Kurzgleichnis[11], ist ein Hauptbestandteil der Sprache im allgemeinen, wie der Poesie im besonderen.

Aber kam es großer Dichtung nicht umgekehrt auch immer schon darauf an, die Dinge in ihrer *Unvergleichlichkeit*, in ihrer einmaligen *Sichselbstgleichheit* zu zeigen? Ist insofern große Poesie, nicht vielmehr auch ein Kampf gegen die Metapher? Ich möchte im folgenden die These vertreten, daß große Sprachkunst wie große Kunst überüberhaupt ihrer Tendenz nach oftmals kunstlos ist. Gro-

10 Vgl. J. G. Hamann, *Aesthetica in nuce* (s. Anm. 8).
11 Vgl. bereits Cicero, *De oratore* 3,157.

ßer Poesie ist es zuwider, »poetisch« zu werden – insofern ist sie auch *a-metaphorisch*. Kurz: Große Dichtung – zumindest ein Teil von ihr – hat den Gegenstoß des *Antimetaphorischen* des *Antipoetischen*, mithin letztlich des *Anti-Verbalen* in sich.
Im Folgenden werde ich versuchen, dies an einem prominenten Beispiel zu demonstrieren.

2.
Das Haiku oder die Kunst des A-Metaphorischen

Das Haiku ist bekanntlich ein japanisches Kurzgedicht, das in der Regel – auch beim traditionellen Haiku, aber durchaus nicht immer – aus 5 + 7 + 5 = 17 *onji* bzw. Silben besteht.[12] Das Haiku hat seine Hochform durch den großen japanischen Dichter Matsuo Basho erreicht. In seinem bekannten poetischen Reisetagebuch *Oku no hosomichi* (*Narrow Road to a Far Province* bzw. *Narrow Road to the Interior*), das im Jahr 1689 entstand, findet sich am Ende des 34. Kapitels, das vom Ryûshakuji, einem Bergtempel erzählt, eines seiner berühmtesten Haiku. – Das Haiku vermeidet gewöhnlich Metaphern,[13]

12 Übersetzt man *onji* durch Silbe, so muß man hinzufügen, daß ein aus 17 Silben bestehendes Haiku in englischer oder deutscher Sprache durchschnittlich etwa 60 Prozent länger ist als ein aus 17 *onji* bestehendes Haiku in japanischer Sprache. Vgl. W. J. Higginson, *The Haiku Handbook*, Tokyo / New York / London 1989, S. 100 ff. 11–12 deutsche Silben entsprechen in der Sprechlänge etwa 17 japanischen *onji*. K. Matsumaru schlägt für die deutsche Übersetzung japanischer Haiku das Silbenmaß 3–5–3 vor.

13 Vgl. Higginson, *The Haiku Handbook*, S. 172 f. – Vgl. auch *Haiku. Japanische Gedichte*, ausgew., übers. und mit einem Essay hrsg. von D. Krusche, München 1994, S. 149.

ja ist seinem Geist nach a-metaphorisch.[14] Ich habe das besagte Haiku ausgewählt, weil es zwar das zu enthalten scheint, was wir eine Metapher nennen, und insofern auf den ersten Blick gerade als Gegenbeispiel der a-metaphorischen Tendenz des Haiku angeführt werden könnte. Bei genauem Zusehen zeigt sich jedoch zunächst eine überraschende Transformation und schließlich eine Art Selbstaufhebung der Metapher. Sehen wir zu.

Das Haiku lautet:

> *Shizukasa ya*
> *iwa ni shimiiru*
> *semi no koe*

Wörtlich müßte man etwa so übersetzen:

> *Shi zu ka sa* = Stille,
> *ya* (*kireji* – Trennungswort) = –;
> *i wa* = Fels,
> *ni* = hinein,
> *shi mi i ru* = durchdringen;
> *se mi* = Zikade,
> *no* = deren (Genitiv),
> *ko e* = Stimme.

---

14 Der kanadische Haiku-Dichter George Swede sagt: »Haiku is a poetic form which avoids the use of metaphor, simile, and other poetic devices, obtaining its effects primarily through the juxtaposition of sensory impressions. If done successfully, this juxtaposition creates a moment of acute awareness about the external world.« Zit. nach: Higginson, *The Haiku Handbook* (s. Anm. 12), S. 251, vgl. auch S. 172. – Völlig verfehlt ist dagegen die Vermutung von W. Bodmershof: »Von den europäischen ästhetischen Apperzeptionsformen steht wohl die *Metapher* dem japanischen Kurzgedicht am nächsten.« (»Studie über das Haiku«, in: *Wort in der Zeit* 5, 1959, H. 15, S. 32).

M. Ueda gibt in *Basho and His Interpreters* folgende wörtliche Übersetzung: »stillness /: / rock / to / permeate / cicada / 's / voice.«[15] Wollte man – wie üblich – das Haiku in drei »Verse« teilen, so könnte man festhalten: (a) Stille – / (b) Fels durchdringend / (c) Zikadenzirpen.

Bei der folgenden Interpretation möchte ich aus hermeneutischen Gründen hilfsweise drei Phasen unterscheiden:
Die *1. Phase*, die man die prämetaphorische, vorpoetische Phase nennen könnte; sie ist gleichsam die Phase beim Eintritt in den Raum des Haiku.
Die *2. Phase* könnte die metaphorische bzw. poetische genannt werden.
Die *3. Phase* schließlich wäre die postmetaphorische, nachpoetische Phase, gleichsam beim Verlassen des Raums des Haiku.
Diese künstliche Unterscheidung dient lediglich dem besseren Verständnis der einzelnen Momente, deren Zusammenspiel das *movens* bzw. die *metaphorá* des Haiku ist. Der Verfasser dieser »Gliederung« hofft, daß der Leser in den »disiecta membra poetae« den Dichter wiederfinden möge.

Die 1. Phase könnte entsprechend der triadischen Versifikation kurz so charakterisiert werden:

a / b / c: Stille / Fels / Zikadenzirpen; nichts weiter.

---

15 *Basho and His Interpreters*, hrsg., übers. und mit einer Einl. von M. Ueda, Stanford University Press 1991, S. 249.

Die 2. *Phase* ist die Phase, in der sich alles um die Metaphorik des Wortes »durchdringen« in der Mitte des Haiku zu drehen scheint. Man könnte zur Verdeutlichung innerhalb der 2. Phase nochmals 3 Momente unterscheiden, die in Wahrheit freilich wiederum nur *Momente einer Bewegung* auf dem Weg des Haiku sind:

2.1 Prima vista: Der metaphorische Transitus c → b (Zikadenzirpen → Fels).
Die Metapher wird verstanden als Kurzform des Gleichnisses: Das Zikadenzirpen durchdringt den Fels wie ein (horribile dictu) (Stein-)Bohrer. Sinn etwa: Stille – da plötzlich ein selbst den Fels durchdringendes Zikadenzirpen![16]
2.2 Seconda vista: Der metaphorische Transitus a → b (Stille → Fels).
Es zeigt sich eine semantische Ambiguität, ein Aspekt-Wechsel, ein Vexieren der Bedeutung: Die Stille, d. h. das Nicht-Zirpen vor bzw. nach dem Zirpen, durchdringt den Fels, was übrigens auch durch einen gewissen Gleichklang von *shizukasa* und *shimiiru* insinuiert zu werden scheint. Der Sinn wäre jetzt etwa: Eine alles, selbst den Fels durchdringende Stille: da plötzlich: Zikadenzirpen! Die Metapher »Zikadenzirpen« (»Steinbohrer«) wird revidiert bzw. negiert. Jetzt ist es das Nicht-Zirpen der Zikaden, das etwas Durchdringendes bzw. ›Bohrendes‹ hat.

---

16 Wenig überzeugend erscheint mir der Kommentar von Shinten-o Nobutane: »Cicada's cries are a metaphor for men's earthly desires. The poem suggests how such desires disappear in the court of Buddha's Law«, in: *Basho and His Interpreters* (s. Anm. 15), S. 249. Überzeugender ist m. E. der Kommentar von Ogiwara Seisensui, obgleich mir die Verwendung des Terminus »Symbol« dubios zu sein scheint: »Cicada's screech is a symbol. Through it, Basho listened to the stillness of nature, to the rhythm of nature«, in: *Basho and His Interpreters* (s. Anm. 15), S. 250.

Der semantischen Ambiguität der Metaphorik adäquat ist eine Übersetzung, in der – trotz des die Rede »brechenden« Trennungswortes am Ende des 1. »Verses« – der mittlere »Vers« nicht nur auf den Schluß»vers«, sondern auch auf den Eingangs»vers« bezogen werden kann, denn das eigentliche *Motiv* des Haiku ist die *Stille*. Dem ist sowohl in der Übersetzung von M. Ueda: »Quietness – / sinking into the rocks, / A cicada's cry«[17] Rechnung getragen als auch in der Übersetzung von W. J. Higginson: »the stillness – / soaking into stones / cicada's cry.«[18] Obgleich »poetischer« klingend, überzeugt dagegen die Übersetzung von G. S. Dombrady nicht, da sie den entscheidenden »Aspekt-Wechsel« und mithin den »springenden Punkt« verfehlt: »Stille ...! / Tief bohrt sich in den Fels / das Sirren der Zikaden ...«[19] Im

17 M. Ueda, *Matsuo Basho*, Tokyo / New York / London 1982, S. 52. – Vgl. auch *Basho and His Interpreters* (s. Anm. 15), S. 249: »the stillness – / seeping into the rocks / cicadas' screech.«

18 Higginson, *The Haiku Handbook* (s. Anm. 12), S. 11. – Vgl. auch die Übers. von E. May: »Stille ringsumher / in den Felsen ein-dringend / der Grillen Stimmen«, in: E. May, »Synästhesie bei Basho – zu einem Aspekt der Haiku-Metaphorik«, in: *Referat des VI. Deutschen Japanologentages in Köln*, Hamburg 1985, S. 189.

19 Basho, *Auf schmalen Pfaden durchs Hinterland*, aus dem Japanischen übertr. von G. S. Dombrady, Mainz 1985, S. 185, 298 f. – Dieselbe Übers. findet sich in: *Blütenmond. Japanisches Lesebuch 1650–1900*, hrsg. v. E. May und M. Schönbein, München 1990, S. 56. – Aus demselben Grund habe ich auch Bedenken gegenüber der Übers. von R. Ohashi: »Die Stille! / in den Felsen hinein sickert / der Gesang der Zikaden.« (R. Ohashi: »Vom Wesen des Fremden im Licht der Haiku-Gedichte Bashos«, in: *Philosophie der Struktur – Fahrzeug der Zukunft?*, hrsg. v. G. Stenger und M. Röhrig, Freiburg/München 1995, S. 75.) – Durch das *kireji* – hier durch die Schnittsilbe *ya* – wird das Folgende nicht einfach abgeschnitten. Vielmehr sind die »Verse« durch das *kireji* »jeweils getrennt, aber durch diesen Schnitt auch wieder miteinander verbunden«, wie Ohashi in anderem Zusammenhang zu Recht hervorhebt (vgl. R. Ohashi, *Kire – Das ›Schöne‹ in Japan*, Köln 1994, S. 68) Durch das *kireji* hält die Bewegung des Haiku an – im doppelten Sinne des Wortes »anhalten«.

übrigen enthält Dombradys Übersetzung einige freie Hinzufügungen, die dem Geist des wortkargen Haiku meines Erachtens nicht angemessen sind. Um es mit den Worten G. Gunderts zu sagen: »Wir sagen gleich zuviel und darum sagt unsere Übertragung zu wenig.« Ähnliches gilt von der Übersetzung von D. Britton: »In this hush profound, / Into the very rocks it seeps – / The cicada sound«[20] und von den Übersetzungen von S. Hamill: »Lonely silence / a single cicada's cry / sinking into stone«[21] und D. Krusche: »Stille – der Zikadenlärm / dringt / ein in die Felsen.«[22] Erwähnt seien schließlich noch die, wie ich finde, ebenfalls unzureichenden Übersetzungen von H. Kojima: »Herrschende Stille; / In den Felsen eindringende / Zikaden-Stimme«[23], von T. Hasumi: »Stille! / In das Felsengestein / Dringt der Zikaden Ton«[24], von G. Coudenhove: »Stiller, heißer Tag. / Der Zikaden Zirpen dringt / durch das Felsgestein«[25] und von J. Ulenbrook: »Oh, diese Stille: / Selbst durch die Felsen dringt / Des Heimchens Zirpen.«[26] Besonders

20 *A Haiku Journey, Basho's Narrow Road to a Far Province*, übers. von D. Britton, Tokyo / New York / London 1980, S. 62.

21 *Narrow Road to the Interior, Matsuo Basho*, übers. von S. Hamill, Boston/London 1991, S. 58.

22 *Haiku*«, hrsg. v. D. Krusche (s. Anm. 13), S. 70. Vgl. die Übersetzung im Klappentext zu Anfang des Buches und S. 134: »Mittagsstille – / das Schrillen der Zikaden dringt / ein in die Felsen.«

23 H. Kojima, »Monade und Dichtung – Zur phänomenologischen Analyse des japanischen Kurzgedichts (Haiku)«, in: *Philosophisches Jahrbuch* 91 (1984) S. 339.

24 T. Hasumi, *Zen in der Kunst des Dichtens*, Bern/München/Wien 1986, S. 60.

25 G. Coudenhove, *Japanische Jahreszeiten*, Zürich [6]1991, S. 202.

26 *Haiku – japanische Dreizeiler*, ausgew. und aus dem Urtext übers. von J. Ulenbrook, Stuttgart 1995, S. 134. Ulenbrook ist gewöhnlich – man denke etwa an seine Laozi-Übersetzung – um »wortgetreue« Übersetzungen bemüht. In diesem Falle allerdings muß man sagen: Oh, diese Übersetzer – traduttore, traditore. –

in den letzten beiden Fällen dürften die Übersetzer zu schnell ›poetisch‹ geworden sein.
2.3 Terza vista: Die Interdependenz a ↔ c (Stille ↔ Zikadenzirpen). Im alternierenden Aspektwechsel von c → b (Zikadenzirpen → Fels) nach a → b (Stille → Fels) und zurück zeigt sich, daß nicht nur das Zikadenzirpen und die Stille den Fels durchdringen, sondern daß sich Zikadenzirpen und Stille gegenseitig durchdringen. »Es bricht die Stille selbst als die Stimme der Zikaden aus.«[27] Wer jemals – es muß nicht in Matsushima sein – Zikaden hat zirpen hören, weiß, daß das plötzliche *Aufhören* des Zirpens wie ein *Hören auf* die Stille ist. Die Stille wird erst durch das Aufhören des Zirpens hörbar. T. Ebara kommentiert: »In the word ›shimiiru‹ we sense motion in stillness, and stillness in motion. Basho, with his consummate art, captured this oneness of motion and stillness in a short poem.«[28] Shuson spricht in seinem Kommentar von »motionless motion«[29]. Das Zirpen *hält* plötzlich *an*, d. h. es ist ein Innehalten, das zugleich in der Stille anzudauern scheint, sie gleichsam durchdringt. In der Stille klingt das Zirpen nach, die Stille ist vom Zirpen durchdrungen, so wie im schwirrenden Zirpen die Stille *aufgehoben* zu sein scheint: das Zirpen scheint umgekehrt von der Stille durchdrungen zu sein. Mit einem Wort: es handelt sich um ein Durch-dringen der Stille durch das Zikadenzirpen im doppelten Sinne des Wortes *Durch*-dringen und Durch*dringen*.
Entscheidend ist, daß bei der Interdependenz von a ↔ c (Stille ↔ Zikadenzirpen) die Metapher *aufgehoben* ist

27 H. Kojima, *Monade und Dichtung* (s. Anm. 23).
28 *Basho and His Interpreters* (s. Anm. 15), S. 249.
29 Ebd., S. 250.

im Hegelschen Sinne des Wortes. Sie ist *bewahrt* insofern, als es auch hier gewissermaßen noch um ein gegenseitiges *Durchdringen* geht, obgleich in den »Versen« a + c nicht expressis verbis davon die Rede ist, aber sie ist zugleich *negiert*, indem durch das Außer-acht-Lassen der Felsen in Vers b nicht mehr der Vergleich mit einem – sit venia verbo – (Stein-)Bohrer anklingt, wie in den Relationen c → b und a → b. Im Hinblick auf diese Aufhebung der Metapher könnte auch von einer ›Metapher ohne Metapher‹ gesprochen werden.
Blicken wir auf die 2. Phase in ihren 3 Momenten zurück, so zeigt sich eine Vermittlung aller drei »Verse«, d. h. Wendungen untereinander, in deren Verlauf die tragende Metapher zunächst negiert und schließlich aufgehoben wird.
Dies leitet – wenn ich recht sehe – in das über, was man die *3. Phase* nennen könnte, um der interpretatorischen Trennschärfe wegen solche unpoetischen heuristischen Diairesen vorzunehmen.

Die *3. Phase* könnte kurz so gekennzeichnet werden:
a – b – c: Stille – Fels – Zikadenzirpen, nichts weiter. Alles ist fast genauso wie in der 1. Phase, (a/b/c) aber nur fast[30], dazwischen liegt eine Wendung um 360 Grad.

Indem jedes Moment mit jedem anderen vermittelt ist, vermittelt es sich am Ende mit sich. Indem, um an Phase 2.3 anzuknüpfen, die Stille gleichsam das Zirpen »erinnert«, und das Zirpen die Stille »äußert« (schematisch: Stille → Zirpen; Zirpen → Stille), kommt die Stille am

30 Aus den Schrägstrichen in *Phase 1* sind Bindestriche in *Phase 3* geworden.

Ende durch das Zirpen wieder zu sich, sie fällt sozusagen auf sich selbst zurück und wird erst zu dem, was sie ist. Die Sinnübertragung auf Anderes verändert sich durch die ruhige Bewegung, die das Haiku in sich hat, und wird schließlich zur *Sinnübertragung auf sich selbst* als Anderes. Die Metapher hebt sich auf, indem Stille, Fels und Zikadenzirpen gleichsam zu *Metaphern ihrer selbst* werden. Ist die Metapher ein Kurzgleichnis, dann wird hier die Sache zum *Gleichnis ihrer selbst*. Stille verwandelt sich sozusagen in immanenter Transsubstantiation in Stille, Fels verwandelt sich in Fels. Jedes Ding geht auf in seinem unvergleichlichen Selbst-so-Sein, in seiner *haecceitas* (Duns Scotus), seiner »Dieseinzigkeit«. Es geht um nichts anderes als um dies hier – als Anderes. Es geht um deren ›Unzweiheit‹. Es ist anders und doch wie sonst. »Grenzenlos fließt der Fluß, wie er fließt. Rot blüht die Blume, wie sie blüht.«[31] Sie erinnert an nichts anderes als an sich selbst. Sie zeigt sich selbst, sagt sich selbst[32]. What you hear is what you hear: Cicada's cry. Das innerste Wesen dieses Schreis ist der Schrei selbst – nichts weiter.

Am Ende des »metaphorischen Prozesses« ist in dem, was ich hier die *3. Phase* genannt habe, die Stille wiederum nichts anderes als Stille, der Fels wiederum Fels und das Zikadenzirpen wiederum Zikadenzirpen. –

Der Geist des Haiku ist der Geist des Zen, wie bereits R. H. Blyth eindrucksvoll gezeigt hat, wobei dies strenggenommen wohl nur für einen kleinen Prozentsatz aller

31 Aus dem Lobgedicht zum 9. Ochsenbild des Meisters Guoan.

32 Vgl. L. Wittgenstein, *Philosophische Untersuchungen*, hrsg. von G. E. M. Anscombe, G. H. von Wright und R. Rhees, in: L. W., *Werkausgabe*, Bd. 1, Frankfurt a. M. 1984, § 522 f.

Haiku zutreffend ist. »Haiku are to be understood from the Zen point of view.« Vom großen Haiku bei Basho gilt: »Haiku is a kind of *satori* . . .«[33] Ein gutes Haiku spricht nicht über den Moment des Erwachens, »es *ist* dieser Moment selbst, gleichsam zu Kristall erstarrt . . .«[34] Das geglückte Haiku *ist* ein Augenblick. Ist nach Goethes Worten, die Ulenbrook als Motto seiner Haiku-Übersetzung gewählt hat »jeder Zustand, ja jeder Augenblick . . . von unendlichem Wert, denn er ist der *Repräsentant* [Hervorhebung vom Verf.] einer ganzen Ewigkeit«, so möchte ich im Hinblick auf das Haiku ein wenig anders sagen: Das Haiku ist ein Augenblick, in dem sich eine Ewigkeit *präsentiert*.

3.
Schlußbemerkungen: A-Metaphorik, A-Poetik, A-Verbalität

Roland Barthes hat im Hinblick auf das Haiku in *L'empire des signes* mit gewissem Recht von der »Befreiung von Sinn« gesprochen.[35] Ich möchte paradoxer sagen: im

33 R. H. Blyth, *Haiku*, Bd. 1: *Eastern Culture*, Tokyo ⁵1992, S. 5, 8 f. – Vgl. auch R. Aitken, *A Zen Wave. Basho's Haiku and Zen*, New York / Weatherhill / Tokyo ⁴1989. – Vgl. auch K. Nishitani, »Die ›Verrücktheit‹ beim Dichter Basho«, in: *Die Philosophie der Kyoto-Schule*, hrsg. von R. Ohashi, Freiburg/München 1990.

34 Th. Hoover, *Die Kultur des Zen*, Köln ³1986, S. 222.

35 Vgl. R. Barthes, *Das Reich der Zeichen*, Frankfurt a. M. 1981, S. 94 ff. – Weit gefehlt dagegen die Bemerkungen von W. Bodmershof: »Das eigentliche Bauelement bleibt ja der im Haiku *verborgene Sinn*«. W. Bodmershof, *Studie über das Haiku* (s. Anm. 14), S. 28. – »Was der japanische Dichter in diesen kleinsten Gebilden wagt, die eigentliche gedichtauslösende Kraft, ist der Griff nach dem Ungreifbaren, nach dem hinter der Erscheinung

Haiku geht es um das *Präsentieren* (Zeigen, nicht Beschreiben) *eines Augenblicks des Sinns ohne Sinn.* Im Haiku *gibt* es keinen (gegebenen) bzw. verborgenen Sinn, d. h. es hat keinen bestimmten Sinn, über den wir nachsinnen sollten; vielmehr scheint es selbst sozusagen zu sinnen (auf etwas zu sinnen oder sich zu entsinnen?), wobei offenbleibt, ob es am Ende einen Sinn ergibt. Das Haiku hat keinen »festen« Sinn, vor allem keinen metaphysischen, sein Sinn ist gewissermaßen ein sinn-loser. Es geht um den *Augenblick der Dinge*, um den stillen Augenblick des ›Gesichts‹ der Dinge. *Die »Metaphorik« des Haiku* – wenn davon überhaupt die Rede sein kann – *ist eine Metaphorik ohne Metaphern.* Wohl geschieht eine »Übertragung«, ein »Übertrag« von einem Wort auf das andere, aber keine Übertragung eines vorgegebenen Sinns. Nie spricht das Haiku über etwas. »There is ... no time to talk *about* something, there is only time to present something.«[36] Die sprachliche Darstellung des Haiku *re-präsentiert* nicht etwas anderes, zu dem die Metapher hinübertrüge; das Haiku *präsentiert* etwas als Anderes und am Ende als es selbst. Es zeigt – genaugenommen – nichts als dieses. Das Haiku macht uns die Dinge zu Präsenten; ohne Worte sagen sie: ›So ist es.‹ Insofern ist sein *Motiv* ohne *Emotion.* Das geglückte

---

Verborgenen.« Ebd. – Diesen, den Zen-Geist des Haiku verfehlenden Bemerkungen wäre die geradezu ›zenistisch‹ anmutende Einsicht Goethes entgegenzuhalten: »Man suche nur nichts hinter den Phänomenen: sie selbst sind die Lehre.« (*Maximen und Reflexionen*, in: J. W. Goethe, *Werke. Hamburger Ausgabe*, hrsg. von E. Trunz, Bd. 12, München [9]1981, Nr. 488.) Im Haiku geht es keineswegs um eine »Wendung aus der Immanenz in die Transzendenz« (Bodmershof, *Studien über das Haiku*, S. 29), sondern um eine Transzendenz in die Immanenz.

36 *Monkey's Raincoat. Linked Poetry of the Basho School with Haiku Selections*, übers. von L. Mayhew, Rutland/Tokyo 1985, S. 43.

Haiku besteht nicht aus schönen Gefühlen, sondern aus Worten und aus dem wortlosen Wort zwischen den Worten. Das Haiku spricht nicht über die Dinge, sondern *für* die Dinge, so daß sie *für sich* selbst sprechen. Das Haiku übersetzt das ›Pathos der Dinge‹ in ihre eigene wortlose Sprache. Im Haiku wird der »Sinn« am Ende auf sich selbst übertragen. Die Suche nach einem Sinn, der anderswo zu finden wäre, wird enttäuscht; sie führt, ohne einen weiteren Sinn gefunden zu haben – zur Sache selbst zurück. Hier *hält* die Suche nach dem Sinn *an*. Der Weg des Sinnes führt durch ein Ähnliches, *Gleiches* zurück ins *Selbe*. Der ›Sinn‹ der Sache erschließt sich, indem sie als *Metapher ihrer selbst* verstanden wird.

Insofern das Haiku auto-metaphorisch, *a-metaphorisch* ist, ist es *a-poetisch*, letztlich *a-verbal*. Was heißt das?

Das Haiku ist *auto-poetisch, a-poetisch*; seine höchste Poesie, sein »freiheraus« gesprochenes Wort neigt sich zum Prosaischen, d. h. zur »geradeaus gerichteten Rede«, seine höchste Kunst ist nicht das Künstliche, sondern das kunstvoll Kunstlose, die *Kunst ohne Kunst*.

Von Basho wird das bekannte Wort überliefert:
»The Master said: ›Learn about a pine tree from a pine tree, and about a bamboo plant from a bamboo plant.‹ What he meant was that a poet should detach the mind from his own personal self. Nevertheless some poets interpret the word ›learn‹ in their own ways and never really ›learn‹. For ›learn‹ means to enter into the object, perceive its delicate life and feel its feelings, whereupon

a poem forms itself. A lucid description of the object is not enough; unless the poem contains feelings which have spontaneously emerged from the object, it will show the object and the poet's self as two separate entities, making it impossible to attain a true poetic sentiment. The poem will be artificial, for it is composed by the poet's personal self.«[37]

Das Haiku ist a-verbal, sigetisch, dem Schweigen geneigt. Der Haiku-Dichter ist kein Worte-Macher, er geizt mit Worten, er ist wortkarg. Die kargen Worte des Haiku nehmen sich gleichsam in die Wortlosigkeit zurück, um die Dinge als lebendige Worte in ihrem Selbst-so-Sein selbst wortlos sprechen zu lassen. Haiku-Dichtung versteht, wer ihr Schweigen hört. Das Schweigen des Haiku ist ein Schweigen um Nichts. Durch die Metapher des Haiku – wenn es denn eine enthält – werden wir, wie gesagt, am Ende nicht auf etwas anderes Vergleichbares verwiesen, sondern auf die Sache selbst rückverwiesen. Das *wortlose Wort* des Haiku streicht sich gleichsam selbst durch, zeigt durch sich hindurch, ist nichts als der leere Spiegel der Dinge. Es läßt sehen. Der Haiku-Dichter *sagt, ohne zu sagen.* Sein Reden ist schweigsam, sein Schweigen ist beredt, es ist ein *Schweigen, ohne zu schweigen.* Er ist beim Schweigen »im Wort«. Wenn er redet, dann schweigt er und zeigt, zeigt den *Augenblick der Dinge.* Die höchste Rede des Dichters ist diejenige, die in tiefstes Schweigen versunken ist.

Ich denke: *Das A-Metaphorische, A-Poetische, A-Verbale teilt das Haiku mit dem Wort großer Dichtung*

37 M. Ueda, *Matsuo Basho* (s. Anm. 17), S. 167 f.

überhaupt. Es zeichnet sich aus durch jenes »Fasten des Herzens«, das Schweigen heißt. Es *hält* die Sprache *an*. Das Wort großer Dichtung, das Verlautete, nimmt sich zurück ins Schweigen, denn es ist nach einem Wort Becketts »a desecration of silence«. Die höchste poetische Eloquenz ist eine »éloquence du silence« (B. Pascal). Die Mahnung an den Dichter lautet in Abwandlung eines alten Wortes: »Schweig, damit ich dich sehe!« Das Wort großer Dichtung ist eine Metapher der Stille.

Am Ende des 26. Buches des Zhuangzi, der von größter Bedeutung für Basho war[38], findet sich ein bekanntes Gleichnis, das die Stellung des wortvergessenen Poeten Zhuangzi zur Sprache verdeutlicht:

»The fish trap exists because of the fish; once you've gotten the fish, you can forget the trap. The rabbit snare exists because of the rabbit; once you've gotten the rabbit, you can forget the snare. Words exist because of meaning (yi); once you've gotten the meaning, you can forget the words. Where can I find a man who has forgotten words so I can have a word with him?«[39]

---

38 In Bashos Werken finden sich wenigstens 37 Zitate oder charakteristische Hinweise auf Zhuangzi, womit er hinter Bashos Lieblingsautor Saigyô an zweiter Stelle rangiert. Vgl. K. Kadowaki, *Erleuchtung auf dem Weg*, Bd. 1: *Der ›Weg‹ im Denken Bashos*, München 1993, S. 29.

39 *The Complete Works of Chuang Tzu*, übers. von B. Watson, New York / London 1968, S. 302.

niwa hakite yuki wo wasururu hahaki kana

Basho 1692

garden sweeping snow (acc.) forget broom kana

while sweeping the yard
it forgets about the snow –
a broom

M. Ueda, S. 346

Beim Hof-Fegen
hat er den Schnee vergessen –
der Besen

für B.

Beppo und der Wirbelwind

Blätter fegen
vergessen
selbst vor dem Tor

tabi ni yande yume wa kareno wo kake meguru

Basho 1694,
kurz vor seinem Tod

travel on ailing dream as-for withered-field (acc.) running go-round

on a journey, ailing –
my dreams roam about
on a withered moor

M. Ueda, S. 413

Krank vom Wandern
ein Traum umherirrend
auf trockener Heide

für B.

Traum eines Schattens
wachend auf dunkelndem Land
uralter Tumult

Wake

pass a way
    a long the lines of hills
    a part of me

Wind

now here

coming from nowhere
going nowhere

Zu den Kalligraphien

zu S. 10 Michi Nottoru Shizen (chin. Dao Fa Ziran) (Laozi);
Weg Gesetz Selbst-So
(Der Weg folgt dem Von-Selbst-So, d. h. seinem eigenen Lauf)

zu S. 42 Shi Jin Nashi Onore (Zhuangzi)
höchster Mensch nicht ich
(der höchste Mensch hat kein Ich)

zu S. 64 Shizen (chin. Ziran)
Selbst-So; Natur/Freiheit

zu S. 72 Moku, Schweigen

zu S. 74 Sei Jaku, Stille

zu S. 76 Koto Ba
Sagen Blätter; Sprache, Worte

zu S. 78 Butsu Da, Buddha

zu S. 82 Gen Jo Ko An
(öffentliche Bekanntmachung der Gegenwart der Welt im Ganzen)

zu S. 84 Mu Ga; Nicht-Ich, Ichlosigkeit

zu S. 88 Tsuki; Mond

zu S. 92 Mu (chin. Wu); nicht, Nichts

zu S. 94 Ne Han; Nirvana

zu S. 96 Haku Un; Weiße Wolke

zu S. 98 U Ji; Sein-Zeit

zu S. 100 Shiki Soku Ze Ku (Hannya Shingyo)
(Erscheinungen sind leer)

zu S. 104 Shin Jin Nashi Ko (Zhuangzi)
Gott Mensch nicht Belohnung/Verdienst
(Der göttliche Mensch ist ohne Belohnung)

zu S. 132 Seijin Na Nashi (Zhuangzi)
Heilig Mensch nicht Name
(Der heilige Mensch hat keinen Namen)

zu S. 183 Zen Sei; Gut Gehen (einer der Buddhanamen)

Nachbemerkung zur 2. Auflage

Dieses Büchlein ist verfaßt von einem »Nomaden«, der auszog aus dem Haus der Gelehrten, um eines Tages ein Geleerter zu werden, ein »Lebemeister«. Es ist nicht geschrieben für jene von sich selbst erfüllten dünkelhaften Lesemeister in ihrem Gelehrten-Revier, die Croce »i begriffi« nannte. Allzu oft stimmt es: »Je gelehrter, desto verkehrter.« Ja, ja: »La ›pensée allemande‹ est sans esprit et sans genie, de mauvaise humeur.« Bier-ernst ist noch euer Wille zum Witz, ihr bitteren germanischen Oberlehrer. Es kommt aber darauf an, gute Sachen zu machen und zugleich darüber zu lachen. A propos: Wenn ein verrücktes Büchlein und ein Gelehrten-Kopf zusammenstoßen und es klingt hohl: »Ist das allemal im Buch«?

Es ist mir eine Freude, an dieser Stelle W. Schamoni meinen Dank auszusprechen, der auf ganz besondere Weise zum Zustandekommen der 2. Auflage beigetragen hat.[1]

Tuchan, im März 2000

1 Vgl. Schamonis Rezension in *Hefte für asiatische Literatur*, Nr. 23, November 1997.

善逝
夢庵